交通运输企业安全生产标准化评价实施细则

2021

公路水运工程施工项目安全生产标准化评价实施细则

本书编写组　编
交通运输部安全委员会办公室　审定

人民交通出版社股份有限公司
China Communications Press Co.,Ltd.

内 容 提 要

本书详细介绍了公路水运工程施工项目安全生产标准化评价办法，适合公路水运施工项目安全生产管理人员学习使用，也可供公路水运工程施工项目安全生产标准化评审员学习参考。

图书在版编目(CIP)数据

公路水运工程施工项目安全生产标准化评价实施细则/《公路水运工程施工项目安全生产标准化评价实施细则》编写组编. —北京：人民交通出版社股份有限公司，2019.4

ISBN 978-7-114-15360-0

Ⅰ.①公… Ⅱ.①公… Ⅲ.①道路施工—安全生产—标准化管理—中国②航道工程—工程施工—安全生产—标准化管理—中国 Ⅳ.①U415.12②U615.1

中国版本图书馆 CIP 数据核字(2019)第 026250 号

Gonglu Shuiyun Gongcheng Shigong Xiangmu Anquan Shengchan Biaozhunhua Pingjia Shishi Xize

书　　名：公路水运工程施工项目安全生产标准化评价实施细则
著 作 者：本书编写组
责任编辑：林宇峰　刘　博
责任校对：张　贺
责任印制：张　凯
出版发行：人民交通出版社股份有限公司
地　　址：(100011)北京市朝阳区安定门外外馆斜街 3 号
网　　址：http://www.ccpress.com.cn
销售电话：(010)59757973
总 经 销：人民交通出版社股份有限公司发行部
经　　销：各地新华书店
印　　刷：北京印匠彩色印刷有限公司
开　　本：787×1092　1/16
印　　张：20.25
字　　数：350 千
版　　次：2019 年 4 月　第 1 版
印　　次：2021 年 2 月　第 2 次印刷
书　　号：ISBN 978-7-114-15360-0
定　　价：60.00 元

技术支持

中国船级社

交通运输部水运科学研究院

北京市交通委员会

中交第四公路工程局有限公司

北京中平科学技术院

中煤建工集团有限公司

前 言 QIANYAN

交通运输安全生产是我国安全生产的重要组成部分，与经济社会健康发展和人民群众获得感、幸福感、安全感息息相关。在建设安全便捷、畅通高效、绿色智能现代综合交通运输体系过程中，交通运输行业必须始终牢固树立以人民为中心的发展理念，始终将安全工作放在首位，坚持改革创新，坚持安全发展，进一步增强做好安全工作的责任感、使命感和紧迫感，采取切实有效的工作措施，筑牢安全生产防线，确保交通运输事业发展长治久安。

6 年来，交通运输行业积极推进企业安全生产标准化建设，取得了一系列成效：一是明确界定了企业落实安全生产主体责任的内涵和要求，让大家知道安全生产管什么、怎么管、达到什么要求，推动企业安全生产工作逐步规范，事故水平持续下降，显著提升了行业安全生产水平。二是强化了行业管理部门安全监管工作，丰富了安全监管手段，增强了安全监管工作的针对性，为部门实施安全生产分类指导、分级监管提供重要依据。三是为管理部门监督检查工作提供了相关标准和清单，推动实现精细化、清单化监管。

为进一步加强和推进交通运输行业安全生产标准化建设工作，交通运输部 2016 年 7 月 26 日发布了《交通运输企业安全生产标准化建设评价管理办法》（交安监发〔2016〕133 号），进一步优化完善了企业安全生产标准化建设工作机制；2018 年 5 月 1 日起，相继颁布了《交通运输企业安全生产标准化建设基本规范》一系列行业标准，将原考评指标上升为行业规范，有效提升了标准化建设工作的科学性、专业性和指导性。为做好新标准的实施，我们组织标准起草单位和专家编制了系列标准的实施细则和汽车租赁、巡游出租车、港口罐区和港口理货仓储等领域的安全生产标准化建设试行细则。

本书由程昊担任主编，张文卷、王成、周烨担任副主编，王毅、王芳成、王林国、王起开、王晓芳、王夕君、任文超、刘凯峰、杨康康、肖殿良、吴冰、张工、张斌、张世宇、岳志贤、孟俊芳、赵薇、高永峰、郭瑞、郭鹏、程月、霍俊晨、穆天涛、穆勇、王姝妍、王谦、乔玉祥、李龙、李金霞、范强、赵远航、翟自军参与编写。

新编制的《公路水运工程施工项目安全生产标准化评价实施细则》力求科学严谨、精准精细、便于操作，但由于编写安排进度较紧，难免出现一些错误和问题，希望大家积极批评指正，为交通运输企业安全生产标准化建设基本规范和实施细则的优化、完善贡献力量，持续推进行业安全发展，为交通强国建设保驾护航！

编委会

2018年11月

目　录 MULU

第一章　公路水运工程施工项目安全生产标准化评价实施细则

<table>
<tr><th rowspan="2">评价类目</th><th rowspan="2">评 价 项 目</th><th rowspan="2">释　　义</th><th rowspan="2">评 价 方 法</th><th rowspan="2">标准分值</th><th colspan="2">评 价 标 准</th><th rowspan="2">得分</th></tr>
<tr><th>扣分项</th><th>否决项</th></tr>
<tr><td>一、目标与考核（14分）</td><td>①企业应结合实际制定安全生产目标。安全生产目标应：
a. 符合或严于相关法律法规的要求；
b. 形成文件，并得到本企业所有从业人员的贯彻和实施；
c. 与企业的职业安全健康风险相适应；
d. 具有可考核性，体现企业持续改进的承诺；
e. 便于企业员工及相关方获得</td><td>安全生产目标，是在一定条件下，一定时间内完成安全生产活动所达到的某一预期目的的指标。安全生产目标的制定应切合项目经理部实际，要求内容明确、具体、量化，有时限性。
安全生产目标应以文件形式正式发布，使全体员工和相关方获知</td><td>查资料：
1. 安全生产目标；
2. 查发布安全生产目标的文件；
3. 查贯彻和实施安全生产目标的相关资料。
询问：
抽查员工是否了解本项目经理部安全生产目标。
现场检查：
安全生产目标是否充分公开，便于项目员工及相关方获得</td><td>3
★★★</td><td>1. 项目经理部应制定符合要求的安全生产目标；
2. 项目经理部制定的安全生产目标应正式发布、贯彻和实施</td><td></td><td></td></tr>
</table>

续上表

评价类目	评价项目	释义	评价方法	标准分值	评价标准		得分
					扣分项	否决项	
一、目标与考核(14分)	②企业应根据安全生产目标制定可考核的安全生产工作指标,指标应不低于上级下达的目标	安全生产工作指标:指量化的安全生产指标,又称控制指标。对安全生产目标进行量化,使其更具体化、更有针对性,便于项目经理部对安全生产目标的实施、考核和统计的开展。项目经理部制定的安全生产指标应不低于上级有关部门下达的安全考核指标,并且符合法律法规的要求	**查资料:** 1. 查项目经理部安全生产工作指标的文件,指标应可考核; 2. 查上级单位下达的安全生产目标	3	1. 未制定可考核的安全生产工作指标,不得分; 2. 制定的安全生产工作指标低于上级单位下达的安全生产目标,不得分; 3. 制定的安全生产工作指标不合理、与项目实际情况不符,每处扣0.5分		
	③企业应制定实现安全生产目标和工作指标的措施	项目经理部安全生产目标和安全生产工作指标明确后,要有一系列的措施来保证安全生产目标和安全生产工作指标的实现。措施的制定应该具体、责任明确。 措施一般包括:完善安全管理机构,明确安全生产责任,资金保障,建立安全生产制度体系,安全教育与培训,设备设施维护,应急训练与演习等	**查资料:** 查实现安全生产目标和工作指标的措施文件	2	1. 未制定实现安全生产目标和工作指标的措施,不得分; 2. 制定的措施不具体、不可行或责任不明确,每项扣0.5分		

续上表

评价类目	评价项目	释义	评价方法	标准分值	评价标准		得分
					扣分项	否决项	
一、目标与考核（14分）	④企业应制定安全生产年度计划和专项活动方案，并严格执行	项目经理部要推进安全生产工作的进步，特别要针对某些突出的安全生产问题和隐患，制定年度计划和年度专项活动方案，使其更具有针对性和操作性。专项活动方案包括指导思想、活动主题、组织机构、工作目标、时间节点与具体活动内容等	**查资料：** 1. 查安全生产年度计划和专项活动方案； 2. 查安全生产年度计划和专项活动方案执行的相关记录和总结材料等	2	1. 未制定安全生产年度计划，扣1分； 2. 未制定安全生产专项活动方案，扣1分； 3. 执行安全生产年度计划和专项活动的记录和总结材料不完整，每项扣0.5分		
	⑤企业应将安全生产工作指标进行细化和分解，制定阶段性的安全生产控制指标，并予以考核	项目经理部要结合实际，按照组织机构及下属单位在安全生产中可能面临的风险大小，将项目经理部年度的安全生产目标转化成阶段性的安全生产控制指标，并逐级细化分解，落实到每个单位（工区）、部门，班组和岗位。通过对指标进行考核，激励全体职工的积极性，保证指标完成	**查资料：** 1. 查细化和分解后的安全生产工作指标，应根据项目实际情况进行细化并分解到各部门、岗位、工区或分部； 2. 查项目制定的阶段性安全生产控制指标； 3. 查各项指标的考核记录	2	1. 未细化和分解安全生产工作指标，扣1分； 2. 工作指标细化和分解不合理、不符合项目实际情况或不完善，每处扣0.5分； 3. 未制定阶段性的安全生产控制指标，扣0.5分； 4. 未对指标完成情况进行考核或考核不完整、不合理，每项扣1分		

续上表

评价类目	评价项目	释义	评价方法	标准分值	评价标准		得分
					扣分项	否决项	
一、目标与考核（14分）	⑥企业应建立安全生产目标考核与奖惩的相关制度，并定期对安全生产目标完成情况予以考核与奖惩	考核奖惩是提升安全管理最有效方法之一； 激励约束、奖优罚劣，项目经理部要制定相应的规章制度或管理办法明确考核与奖惩的程序和要求； 制度应当明确考核、奖惩的对象，考核的时限，考核的程序与方法，考核的具体内容，奖惩条件等，并要明确考核的责任部门，保证考核和奖惩工作的实施； 安全生产考核与奖惩要规范、合理、有效实施； 项目经理部要根据安全生产目标考核与奖惩制度的规定，对所有部门和岗位的目标完成情况进行考核，重点考核项目负责人，定期一般分为月度跟踪、季度分析、半年检查和年度考核，并奖惩兑现	**查资料：** 1. 查安全生产目标考核与奖惩管理规定； 2. 查安全生产目标考核记录文件； 3. 查奖惩兑现证明材料	2	1. 未制定安全生产目标与奖惩管理规定，扣2分； 2. 制定的安全生产目标与奖惩制度内容不完善，扣0.5～1分； 3. 未进行安全生产目标考核或奖惩的，扣1分		

续上表

评价类目	评价项目		释义	评价方法	标准分值	评价标准		得分
						扣分项	否决项	
二、管理机构和人员	本节条款内容的实施细则纳入本细则“现场及专业部分评价参照表”6.1.2、6.1.4、6.2.2 条款内容							
三、安全责任体系	本节条款内容的实施细则纳入本细则“现场及专业部分评价参照表”6.1.4、6.2.1 条款内容							
四、法律法规及标准规范(4分)	1. 资质	本节条款内容的实施细则纳入本细则“现场及专业部分评价参照表”6.1.1 条款内容						
	2. 法律法规及标准规范	①企业应制定及时识别、获取适用的安全生产法律法规、规范标准及其他要求的管理制度，明确责任部门，建立清单和文本(或电子)档案，并定期发布	项目经理部应及时识别和获取适用的安全生产法律法规、标准规范，并跟踪、掌握有关法律法规、标准规范的修订情况	**查资料：** 1. 查项目经理部管理制度文件； 2. 查适用的法律法规、标准及其他要求的清单、文本(或电子)档案、台账或数据库等； 3. 查法规清单(或文本)定期更新并发布的记录	2	1. 未建立识别和获取适用的安全生产法律法规、标准及其他要求的管理制度的，扣1分； 2. 未建立法规清单和文本档案的，扣1分；存在遗漏、不适用、过期、失效等的，每项扣0.1分； 3. 未及时发布的，扣0.5分		

续上表

评价类目	评价项目		释义	评价方法	标准分值	评价标准		得分
						扣分项	否决项	
四、法律法规及标准规范（4分）	2. 法律法规及标准规范	②企业应及时对从业人员进行适用的安全生产法律法规、规范标准宣贯，并根据法规标准和相关要求及时制修订本企业安全生产管理制度	项目经理部应将安全生产法律法规、标准规范及相关要求，及时转化为本项目的规章制度，并贯彻到各项工作中	**查资料：** 1. 查培训或宣贯记录； 2. 查项目经理部安全生产管理制度文件及制定（修订）记录	2	1. 未开展法律法规培训或宣贯，每项扣1分； 2. 制度未体现适用的法规要求、未及时修订等，每项扣1分		
	3. 安全管理制度	本节条款内容的实施细则纳入本细则“现场及专业部分评价参照表”6.2、6.4条款内容						
五、安全投入	本节条款内容的实施细则纳入本细则“现场及专业部分评价参照表”6.2.4条款内容							
六、教育培训	本节条款内容的实施细则纳入本细则“现场及专业部分评价参照表”6.2.3、6.1.2条款内容							
七、风险管理（1分）	1. 一般要求	本节条款内容的实施细则纳入本细则“现场及专业部分评价参照表”6.3.4条款内容						
	2. 风险辨识							
	3. 风险评估							
	4. 风险控制							

续上表

评价类目	评价项目		释义	评价方法	标准分值	评价标准		得分
						扣分项	否决项	
七、风险管理（1分）	5.重大风险管控	企业应当将本单位重大风险有关信息通过公路水路行业安全生产风险管理信息系统进行登记，构成重大危险源的应向属地负有安全生产监督管理职责的交通运输管理部门备案	《公路水路行业安全生产风险管理暂行办法》（交安监发〔2017〕60号）第三十条规定：生产经营单位应当将本单位重大风险有关信息通过公路水路行业安全生产风险管理信息系统进行登记，构成重大危险源的应向属地综合安全生产监督管理部门备案。登记（含重大危险源报备，下同）信息应当及时、准确、真实	**查系统：** 1.查本项目重大风险通过公路水路行业安全生产风险管理信息系统进行登记的记录； 2.查重大危险源通过系统向属地综合安全生产监督管理部门备案的记录。 **查资料：** 查重大危险源备案资料	1	1.本项目重大风险有关信息未通过公路水路行业安全生产风险管理信息系统进行登记的，扣1分； 2.本项目重大危险源未通过系统向属地综合安全生产监督管理部门备案，或未报送备案资料，扣0.5分； 3.登记（含重大风险源报备，下同）信息不及时或不准确真实，扣0.5分		
	6.预测预警	本节条款内容的实施细则纳入本细则“现场及专业部分评价参照表”6.3.4条款内容						

续上表

<table>
<tr><th rowspan="2">评价类目</th><th rowspan="2" colspan="2">评价项目</th><th rowspan="2">释义</th><th rowspan="2">评价方法</th><th rowspan="2">标准分值</th><th colspan="2">评价标准</th><th rowspan="2">得分</th></tr>
<tr><th>扣分项</th><th>否决项</th></tr>
<tr><td>八、隐患排查和治理</td><td colspan="8">本节条款内容的实施细则纳入本细则“现场及专业部分评价参照表”6.2.9条款内容</td></tr>
<tr><td>九、职业健康</td><td colspan="8">本节条款内容的实施细则纳入本细则“现场及专业部分评价参照表”6.2.5条款内容</td></tr>
<tr><td>十、安全文化（13分）</td><td>1. 安全环境</td><td>①设立安全文化廊、安全角、黑板报、宣传栏等员工安全文化阵地</td><td>所称“安全文化”，是指被企业组织的员工群体所共享的安全价值观、态度、道德和行为规范组成的统一体。加强安全教育基地建设，充分利用电视、互联网、报纸、广播等多种形式和手段普及安全常识，增强全社会科学发展、安全发展的思想意识是每一个企业的责任和</td><td>查资料：
查安全文化宣传资料。
现场检查：
查项目经理部安全文化阵地</td><td>2</td><td>1. 未设立安全文化廊、安全角、黑板报、宣传栏等员工安全文化阵地的，扣2分；
2. 安全文化阵地内容不符合《企业安全文化建设导则》（AQ/T 9004—2008）要求的，每项扣0.5分，扣完为止</td><td></td><td></td></tr>
</table>

续上表

评价类目	评价项目		释义	评价方法	标准分值	评价标准		得分
						扣分项	否决项	
十、安全文化(13分)	1. 安全环境		义务。企业按照《企业安全文化建设导则》(AQ/T 9004—2008)要求,从思想上、心态上去宣传、教育、引导,不断向员工灌输"以人为本,安全第一"等安全价值观,形成人人重视安全,人人为安全尽责的良好氛围。应从制度上明确企业安全文化宣传的频率、内容和方式,从而促使企业自觉主动开展安全文化创建活动					

续上表

评价类目	评价项目		释义	评价方法	标准分值	评价标准		得分
						扣分项	否决项	
十、安全文化(13分)	1.安全环境	②公开安全生产举报电话号码、通信地址或者电子邮件信箱。对接到的安全生产举报和投诉及时予以调查和处理,并公开处理结果	加强对安全生产违法违规行为监督管理,对于减少和杜绝安全生产“三违”行为有着十分重要意义。项目经理部要充分发挥广大职工的参与作用,依法维护和落实职工对安全生产的参与权与监督权,鼓励职工监督举报各类安全隐患,对处理结果要及时公开,起到警示警醒的作用	**查资料:** 1.安全生产举报投诉及调查管理制度; 2.查安全生产举报投诉登记台账。 **现场检查:** 1.是否公开安全生产举报、投诉电话号码、通信地址或电子邮箱等安全生产举报投诉渠道; 2.是否公布了举报、投诉调查处理结果	3 AR	1.无安全生产举报投诉制度,扣1分; 2.没有公开安全生产举报投诉渠道,扣1分; 3.对接到的安全生产举报和投诉未及时调查和处理或处理结果未公开的,每次扣0.5分		

续上表

评价类目	评价项目		释义	评价方法	标准分值	评价标准		得分
						扣分项	否决项	
十、安全文化(13分)	2. 安全行为	①企业应建立包括安全价值观、安全愿景、安全使命和安全目标等在内的安全承诺	本条所称"安全承诺"是指由企业公开做出的、代表了全体员工在关注安全和追求安全绩效方面所具有的稳定意愿及实践行动的明确表示。安全承诺就是兑现落实安全生产责任,并通过公开承诺这种形式约束和规范自身的行为,接受政府、社会和从业人员的监督	**查资料:** 查项目经理部开展安全承诺活动的证明资料。 **询问:** 抽查员工是否了解安全承诺的内容	3 AR	1. 项目经理部未开展安全承诺活动,扣3分; 2. 相关人员不了解安全承诺内容的,每人次扣0.5分		

续上表

评价类目	评价项目		释义	评价方法	标准分值	评价标准		得分
						扣分项	否决项	
十、安全文化(13分)	2. 安全行为	②企业应结合企业实际编制员工安全知识手册,并发放到职工	员工安全知识手册是宣传安全文化的一个重要载体,也是企业规范员工安全行为的一项重要措施,企业应该按照有关规定编制安全知识手册,并发放到每位员工。目的在于让所有从业人员时刻保持安全警钟长鸣,让安全意识长增,让企业发展长安	**查资料:** 1. 查项目经理部是否有员工安全知识手册; 2. 查安全知识手册发放记录。 **询问:** 抽查1 ~ 3名员工对本岗位相关的安全知识手册内容是否熟悉	2	1. 没有编制员工安全知识手册,扣2分; 2. 无员工安全知识手册发放记录,扣1分; 3. 抽查从业人员,询问员工不了解本岗位相关安全知识手册内容的,每人次扣1分		

续上表

评价类目	评价项目		释　义	评价方法	标准分值	评价标准		得分
						扣分项	否决项	
十、安全文化(13分)	2.安全行为	③企业应组织开展安全生产月活动、安全生产班组竞赛活动,有方案、有总结	每年6月我国各部委都要组织开展安全生产月活动,安全生产月及有关安全生产竞赛已成为安全生产管理过程中的一项重要活动。通过活动营造安全生产氛围,进一步强化企业安全管理,增强从业人员的安全意识,促进企业安全生产的持续稳定。 项目经理部应按国家、有关上级部门和行业主管部门要求,结合本项目实际,制定本项目的活动方案,明确指导思想、活动主题、领导组织机构、具体内容和总结上报等活动要求	**查资料:** 1.查项目经理部开展安全生产月活动和安全生产班组竞赛活动的方案; 2.查相关活动记录资料; 3.查相关活动总结材料	2	1.未制定安全生产月活动、安全生产班组竞赛活动方案的,每项扣0.5分; 2.未按方案开展相关活动的,每项扣0.5分; 3.未对相关活动进行总结,每项扣0.5分		

续上表

评价类目	评价项目		释义	评价方法	标准分值	评价标准		得分
						扣分项	否决项	
十、安全文化(13分)	2.安全行为	④企业应对安全生产进行检查、评比、考评,总结和交流经验,推广安全生产先进管理方法,对在安全工作中做出显著成绩的集体、个人给予表彰、奖励,并与其经济利益挂钩	对安全生产进行多种形式的检查,有利于企业各部门、基层单位发现和整改安全隐患,通过评比、考评,有利于优秀集体或个人脱颖而出。通过对优秀集体或个人好的安全管理经验进行总结,一方面使优者将其好的做法和经验进行提升、固化,一方面更有利于其他集体或个人进行学习,促进其安全绩效的不断改进和企业整体安全管理水平的不断提升。	**查资料:** 1.查安全生产管理制度; 2.查项目经理部定期对安全生产工作的总结和交流经验,推广安全生产先进管理方法的证明材料; 3.查企业对安全生产奖励表彰的证明文件	1	1.未定期开展总结和交流经验,推广安全生产先进管理方法活动的,扣1分; 2.未按规定对安全生产工作中做出显著成绩的集体、个人给予进行表彰、奖励的,扣0.5分		

续上表

评价类目	评价项目		释义	评价方法	标准分值	评价标准		得分
						扣分项	否决项	
十、安全文化(13分)	2. 安全行为		至少每年对在安全工作中做出显著成绩的集体、个人给予一次表彰和奖励,并与其经济利益挂钩。一方面对优秀集体和个人的安全管理和安全行为的充分肯定和鼓励,有利于其继续保持良好的作风和传统;另一方面,有利于充分发挥优秀集体和个人的榜样和示范作用					

续上表

<table>
<tr><th rowspan="2">评价类目</th><th colspan="2" rowspan="2">评价项目</th><th rowspan="2">释义</th><th rowspan="2">评价方法</th><th rowspan="2">标准分值</th><th colspan="2">评价标准</th><th rowspan="2">得分</th></tr>
<tr><th>扣分项</th><th>否决项</th></tr>
<tr><td>十一、应急管理</td><td colspan="8">本节条款内容的实施细则纳入本细则“现场及专业部分评价参照表”6.3.5 条款内容</td></tr>
<tr><td>十二、事故报告调查处理(20分)</td><td>1. 事故报告</td><td>①企业应建立事故报告程序,明确事故内外部报告的责任人、时限、内容等,并教育、指导从业人员严格按照有关规定的程序报告发生的生产安全事故</td><td>项目经理部应按照《生产安全事故报告和调查处理条例》规定,事故发生后,事故现场有关人员应当立即向本单位负责人报告;单位负责人接到报告后,应当于1小时内向事故发生地县级以上人民政府安全生产监督管理部门和负有安全生产监督管理职责的有关部门报告</td><td>查资料:
1. 查企业生产安全事故报告程序的规定;
2. 查企业生产安全事故报告</td><td>2</td><td>1. 查企业生产安全事故报告程序规定的内容不够充分、完整,扣2分;
2. 未按生产安全事故报告程序的规定,发生事故后,未按要求进行内外部报告,扣1分;
3. 生产安全事故报告过程的资料保留不全,扣0.5分</td><td></td><td></td></tr>
</table>

续上表

评价类目	评价项目		释义	评价方法	标准分值	评价标准		得分
						扣分项	否决项	
十二、事故报告调查处理(20分)	1.事故报告	②发生事故,企业应及时进行事故现场处置,按相关规定及时、如实向有关部门报告,没有瞒报、谎报、迟报情况。并应跟踪事故发展情况,及时续报事故信息	项目经理部必须在及时妥善应对处置事故同时,严格按照规定上报事故情况。 “迟报”是指报告事故的时间超过规定时限; “漏报”是指因过失对应当上报的事故或者事故发生的时间、地点、类别、伤亡人数、直接经济损失等内容遗漏未报; “谎报”是指故意不如实报告事故发生的时间、地点、类别、伤亡人数、直接经济损失等有关内容;	**查资料:** 1.查企业生产安全事故报告的规定; 2.查企业生产安全事故报告	4 ★★★	1.生产安全事故发生后,现场负责人应迅速采取有效措施,组织抢救,防止事故扩大,减少人员伤亡和财产损失的; 2.项目经理部应及时、准确、如实向有关部门报告生产安全事故,不应瞒报、谎报、迟报; 3.查企业生产安全事故报告内容或事故记录应齐全		

续上表

评价类目	评价项目		释义	评价方法	标准分值	评价标准		得分
						扣分项	否决项	
十二、事故报告调查处理(20分)	1.事故报告		“瞒报”是指故意隐瞒已经发生的事故,并经有关部门查证属实; 事故报告应包括下列内容:事故发生概况;事故发生时间、地点以及事故现场情况;事故简要经过;事故已造成或者可能造成的伤亡人数(包括失踪的人数)、水域环境污染情况下、初步估计的直接经济损失;已经采取的措施等					

续上表

评价类目	评价项目		释义	评价方法	标准分值	评价标准		得分
						扣分项	否决项	
十二、事故报告调查处理(20分)	1. 事故报告	③企业应跟踪事故发展情况,及时续报事故信息	《生产安全事故报告和调查处理条例》规定:事故报告后出现新情况的,应当及时补报	**查资料:** 1. 查企业生产安全事故报告的规定; 2. 查续报事故信息相关记录	1	1. 未明确及时续报事故信息要求,扣1分; 2. 续报事故信息未保留记录或记录不完整,扣0.5分		
	2. 事故调查处理	①企业应建立内部事故调查和处理制度,按照有关规定、行业标准和国际通行做法,将造成人员伤亡(轻伤、重伤、死亡等人身伤害和急性中毒)和财产损失的事故纳入事故调查和处理范畴	按照有关规定、行业标准和国际通行做法,将造成人员伤亡(轻伤、重伤、死亡等人身伤害和急性中毒)和财产损失的事故纳入事故调查和处理范畴	**查资料:** 1. 查企业生产安全事故调查和处理制度; 2. 查企业生产安全事故台账及事故调查处理资料	3	1. 未制定生产安全事故调查和处理制度,扣1分; 2. 生产安全事故调查和处理制度规定不合理、不完善等,扣0.5分; 3. 未按规定将造成人员伤亡(轻伤、重伤、死亡等人身伤害和急性中毒)和财产损失的事故进行调查和处理的,扣1分; 4. 事故调查和处理资料不全,扣1分		

续上表

评价类目	评价项目		释义	评价方法	标准分值	评价标准		得分
						扣分项	否决项	
十二、事故报告调查处理(20分)	2. 事故调查处理	②企业应积极配合各级人民政府组织的事故调查,随时接受事故调查组的询问,如实提供有关情况	发生事故后,配合上级部门的事故调查是企业法定责任和义务。 项目经理部应按照《生产安全事故报告和调查处理条例》配合上级部门,事故调查时应及时如实提供有关情况	**查资料:** 查事故报告调查处理资料	2	1. 未积极配合事故调查,扣1分; 2. 未如实提供有关情况,扣1分		
		③企业应按时提交事故调查报告,分析事故原因,落实整改措施	《生产安全事故报告和调查处理条例》规定:事故报告后出现新情况的,应当及时补报	**查资料:** 1. 查生产安全事故调查报告; 2. 查生产安全事故原因分析及整改措施资料	2	1. 未及时上报项目经理部内部事故调查报告,扣1分; 2. 未进行事故原因分析,落实整改措施扣1分		

续上表

评价类目	评价项目		释　义	评价方法	标准分值	评价标准		得分
						扣分项	否决项	
十二、事故报告调查处理(20分)	2. 事故调查处理	④发生事故后,企业应及时组织事故分析,并在企业内部进行通报。并应按时提交事故调查报告,分析事故原因,落实整改措施	发生事故后,企业有义务按照“四不放过”原则对事故发生的原因进行分析,分析事故的直接、间接原因和事故责任,提出整改措施和处理建议	**查资料:** 1. 查事故调查报告或事故责任调查档案; 2. 查事故原因分析、整改措施及落实相关记录	2	1. 针对已发生的事故,未及时召开安全生产分析通报会,扣1分; 2. 未及时对事故当事人进行各环节、全过程责任倒查及处理,扣1分		
		⑤企业应按“四不放过”原则严肃查处事故,严格追究责任领导和相关责任人。处理结果报上级主管部门备案	查事故档案和事故调查相关记录,看企业按照“四不放过”(事故原因未查清不放过,责任人员未处理不放过,整改措施未落实不放过,有关人员未受到教育不放过)原则进行整改情况	**查资料:** 1. 查企业生产安全事故责任追究办法; 2. 查事故责任追究记录/档案; 3. 查事故追责处理结果报上级主管部门备案的资料	3 ★	1. 制定完善的安全生产事故责任追究办法,且印发实施;未制定的扣1分,未发放的扣0.5分; 2. 针对已经发生的安全生产事故,按“四不放过”原则对责任领导和相关责任人实施责任追究和处理;追责处理不到位的,扣1分; 3. 处理结果按规定报有关主管部门备案,未报有关部门备案,扣1分		

续上表

评价类目	评价项目		释义	评价方法	标准分值	评价标准		得分
						扣分项	否决项	
十二、事故报告调查处理（20分）	3.事故档案管理	企业应建立事故档案和管理台账，将承包商、供应商等相关方在企业内部发生的事故纳入本企业事故管理	《公路水运工程安全生产监督管理办法》规定：建设工程实行施工总承包的，由总承包单位对施工现场的安全生产负总责。分包单位应当服从总承包单位的安全生产管理，分包单位不服从管理导致生产安全事故的，由分包单位承担主要责任。 项目经理部应将本项目承包商、供应商等相关方在本施工项目发生的与本工程相关的事故纳入项目经理部统一管理，建立事故档案和管理台账	**查资料：** 1.查对承包商、分包商等相关方的事故管理规定； 2.查事故档案和事故管理台账； 3.查事故调查处理资料	1	1.事故管理规定中未将承包商、分包商安全事故纳入的，扣0.5分； 2.未按规定对供应商、分包商安全生产事故进行管理，扣0.5分； 3.事故档案和管理台账不全的，扣0.5分		

续上表

评价类目	评价项目		释义	评价方法	标准分值	评价标准		得分
						扣分项	否决项	
十三、绩效评定与持续改进(8分)	1. 绩效评定	①企业应每年至少一次对本单位安全生产标准化的运行情况进行自评，验证各项安全生产制度措施的适宜性、充分性和有效性	项目经理部应按照要求每年对本项目安全生产标准化实施情况进行一次全面、系统的自评，与本标准逐条、逐项进行判断和对比、打分、综合分析，验证各项安全生产制度措施的适宜性、充分性和有效性，总结安全生产工作现状，查找问题，持续改进	**查资料：** 1. 查安全生产标准化自评管理规定； 2. 查开展自评活动的记录、报告等	3	1. 未建立安全生产标准化自评管理制度的，扣1分； 2. 自评活动的策划、实施、总结、报告等不符合要求的，每处扣0.5分		

续上表

评价类目	评价项目		释义	评价方法	标准分值	评价标准		得分
						扣分项	否决项	
十三、绩效评定与持续改进(8分)	1. 绩效评定	②企业主要负责人应全面负责自评工作。自评应形成正式文件,并将结果向所有部门、所属单位和从业人员通报,作为年度考评的重要依据	安全生产标准化自评工作应由项目经理部项目负责人组织实施,自评结果要经主要负责人确认后向所有部门、所属单位和从业人员通报,并将结果作为年度评价的重要依据。自评报告内容应包含《交通运输企业安全生产标准化建设评价管理办法》中要求的全部内容	**查资料:** 1. 查项目负责人组织实施自评工作的证明材料; 2. 查安全生产标准化自评报告; 3. 查自评报告向所有部门、所属单位和从业人员通报的证明材料	2	1. 未提供主要负责人组织实施自评工作的证明材料,扣1分; 2. 自评报告内容或自评范围不完整的,每处扣0.5分; 3. 自评报告未向所有部门、所属单位和从业人员通报的,扣0.5分		

续上表

<table>
<tr><th rowspan="2">评价类目</th><th colspan="2" rowspan="2">评价项目</th><th rowspan="2">释义</th><th rowspan="2">评价方法</th><th rowspan="2">标准分值</th><th colspan="2">评价标准</th><th rowspan="2">得分</th></tr>
<tr><th>扣分项</th><th>否决项</th></tr>
<tr><td>十三、绩效评定与持续改进(8分)</td><td>2. 持续改进</td><td>企业应根据安全生产标准化管理体系的自评结果和安全生产预测预警系统所反映的趋势,以及绩效评定情况,客观分析企业安全生产标准化管理体系的运行质量,及时调整完善安全生产目标、指标、规章制度、操作规程等相关管理文件和过程管控,持续改进,不断提高安全生产绩效</td><td>企业安全管理体系是指企业内部全部管理体系中专门管理安全工作的部分,包括为制定、实施、实现、评审和保持安全方针、目标所需的组织机构、职责、惯例、程序、过程和资源。
企业应制定安全生产标准化管理综合评价与改进制度,明确综合评价改进责任部门和相关责任人。
综合评价与改进的内容应包括与企业安全生产工作有关事项,至少包括标准化自评结果,安全生产</td><td>查资料:
1. 安全管理体系综合评价与改进制度;
2. 查安全生产标准化管理综合评价与改进制度落实文件;
3. 查综合评价与改进过程中发现问题的整改材料</td><td>3</td><td>1. 未制定安全管理体系综合评价与改进制度,扣1分;
2. 未按要求对安全生产标准化管理体系进行综合评价分析,扣1分;
3. 未对评价分析出的问题提出整改措施并组织实施的,每项扣0.5分</td><td></td><td></td></tr>
</table>

续上表

评价类目	评价项目		释义	评价方法	标准分值	评价标准		得分
						扣分项	否决项	
十三、绩效评定与持续改进(8分)	2. 持续改进		预测预警系统所反映的趋势,以及绩效评定情况,一般通过会议形式进行,由企业安全生产第一责任人主持,各相关部门分别提供有关年度分析报告,制度还应明确会议计划制定与印发、会议材料准备、会议记录、综合评价与改进报告、发现问题的处理等责任人和主要内容。 安全生产标准化管理综合评价与改进工作,一般安排在年度自评以后,对考评情况进行综合分析评定。					

续上表

评价类目	评价项目		释义	评价方法	标准分值	评价标准		得分
						扣分项	否决项	
十三、绩效评定与持续改进(8分)	2. 持续改进		在每年安全生产标准化管理综合评价与改进后,全面综合分析企业安全生产标准化管理工作,着眼长效,运用系统化和标准化管理的原理,完善各项安全生产指标、管理制度、操作规程等文件和控制过程,形成企业安全生产管理体系,以持续改进,不断提高安全生产绩效					

现场及专业部分评价参照表(基本规范　第6章　专业部分)

评价类目	评价项目		释　义	评价方法	标准分值	评价标准		得分
						扣分项	否决项	
6.1 安全生产条件 (45分)	6.1.1 施工单位安全生产许可证 (3分)	施工单位安全生产许可证应有效	施工单位从事公路水运工程建设活动,应当取得安全生产许可证及相应等级的资质证书。 施工单位安全生产许可证应由各级建设主管部门颁发,有效期为3年,有效期届满,经原发证机关审查同意后延期3年。 施工单位包括项目总承包单位及专业分包、劳务分包单位	**查资料:** 查施工单位安全生产许可证	3	1. 总承包单位未取得安全生产许可证或安全生产许可证过期,扣3分; 2. 专业分包、劳务分包单位无安全生产许可证或证书过期、无效的,每个扣0.5分,扣完为止; 3. 安全生产许可证失效,扣1~3分		

续上表

评价类目	评价项目		释义	评价方法	标准分值	评价标准		得分
						扣分项	否决项	
6.1 安全生产条件 (45分)	6.1.2 从业人员资格条件 (16分)	6.1.2.1 项目负责人及专职安全管理人员应持有相应的安全生产考核合格证书	施工项目的主要负责人和安全生产管理人员应当经交通运输主管部门对其安全生产知识和管理能力考核合格。 项目经理部安全生产管理人员包括:企业授权的工程项目负责人、具体分管项目安全生产工作的负责人、项目技术负责人,项目专职从事安全生产工作的管理人员。安全生产管理人员从事公路水运工程安全生产管理工作时,应持有相应行业一个管理类别的安全生产考核合格证书。 安全生产考核合格证书由省级交通运输主管部门核发或变更,在全国范围内有效,有效期为3年,到期复核通过的延期3年	**查资料:** 1.查安全生产管理人员台账及人事任命(聘用)文件; 2.查安全生产管理人员考核合格证书等相关证明。 **询问:** 安全生产管理人员专业知识和业务能力情况	5 ★★	1.发现未持有效证书的,每发现1人扣1分,扣完为止; 2.人员所持证书与其岗位不相符,每发现1人扣1分,最多扣4分		

续上表

评价类目	评价项目		释义	评价方法	标准分值	评价标准		得分
						扣分项	否决项	
6.1 安全生产条件 (45分)	6.1.2 从业人员资格条件 (16分)	6.1.2.2　施工现场应按规定足额配备专职安全员	《公路水运工程安全生产监督管理办法》规定：施工项目应当根据工程施工作业特点、安全风险以及施工组织难度，按照年度施工产值配备专职安全生产管理人员，不足5000万元的至少配备1名；5000万元以上不足2亿元的按每5000万元不少于1名的比例配备；2亿元以上的不少于5名，且按专业配备	**查资料：** 1. 查实施性施工组织设计中项目概况、安全风险情况、施工难度等情况； 2. 查上级单位下达的施工项目年度施工产值计划文件； 3. 查人事任命(聘用)的专职安全生产管理人员数量、分工情况。 **查现场：** 查专职安全生产管理人员实际数量等情况	5 ★★★	1. 施工现场应按要求足额配备专职安全生产管理人员； 2. 项目经理部应为专职安全生产管理人员下发人事任命(聘用)文件		

续上表

评价类目	评价项目		释义	评价方法	标准分值	评价标准		得分
						扣分项	否决项	
6.1 安全生产条件 (45分)	6.1.2 从业人员资格条件 (16分)	6.1.2.3 特种作业人员应持证上岗	《中华人民共和国安全生产法》第二十七条规定:生产经营单位的特种作业人员必须按照国家有关规定经专门的安全作业培训,取得相应资格,方可上岗作业。 《特种设备作业人员监督管理办法》第二十二条规定:《特种设备作业人员证》每4年复审一次。持证人员应当在复审期满3个月前,向发证部门提出复审申请。复审合格的,由发证部门在证书正本上签章。对在2年内无违规、违法等不良记录,并按时参加安全培训的,应当按照有关安全技术规范的规定延长复审期限。 《公路工程施工安全技术规范》(JTG F90—2015)附录D规定了17类特殊作业人员(含特种作业人员)	**查资料:** 1.特种作业人员动态信息台账中工种类别、数量应满足实际施工需要; 2.查特种作业人员证件。 **查现场:** 抽查现场在岗特种作业人员持证上岗情况	6 AR	1.特种作业人员未持有效证书,发现一人扣1分,最多扣4分; 2.未建立特种作业人员动态台账的,扣1分; 3.特种作业人员动态台账内容不完善的,扣0.5~1分		

续上表

评价类目	评价项目		释义	评价方法	标准分值	评价标准		得分
						扣分项	否决项	
6.1 安全生产条件（45分）	6.1.3 人身保险（8分）	6.1.3.1 项目经理部应对从业人员做好用工登记，并应为从业人员办理工伤保险	施工项目从业人员是指在本项目工作，取得工资或其他形式的劳动报酬的全部人员，包括本单位在岗职工、再就业的离退休人员、临时聘用人员或兼职人员、直接支付工资的劳务工及个体从业人员、借用的外单位人员和非正规就业人员等。 施工项目应建立所有从业人员的动态台账，如实记录人员姓名、进退场时间、岗位、工种、持证情况等信息，留存身份证复印件，并按《关于建立劳动用工备案制度的通知》（劳社部发〔2006〕46号）要求进行劳务用工备案。	**查资料：** 1. 查从业人员用工登记台账及劳务合同签订等相关情况； 2. 查从业人员缴纳工伤保险情况	4 AR	1. 未建立从业人员用工登记台账扣1分，台账不完善，扣1分； 2. 从业人员未签订劳务、劳动用工合同，扣1分； 3. 从业人员未办理工伤保险，扣2分		

续上表

评价类目	评价项目		释义	评价方法	标准分值	评价标准		得分
						扣分项	否决项	
6.1 安全生产条件（45分）	6.1.3 人身保险（8分）		施工项目应根据《关于进一步做好建筑业工伤保险工作的意见》（人社部发〔2014〕103号）、《关于铁路、公路、水运、水利、能源、机场工程建设项目参加工伤保险工作的通知》（人社部发〔2018〕3号）要求为所有人员办理工伤保险					
		6.1.3.2 项目经理部应对从事危险作业人员在作业期间办理意外伤害险	《中华人民共和国建筑法》《建设工程安全生产管理条例》规定：建筑施工企业必须为从事危险作业的职工办理意外伤害保险，支付保险费。 意外伤害保险是以意外伤害而致身故或残疾为给付保险金条件的人身保险，属于商业保险，是工伤保险的重要补充	**查资料：** 查从业人员意外伤害险缴费凭证等	2 AR	1. 从业人员未办理意外伤害保险，扣2分； 2. 从业人员意外伤害保险范围未覆盖全员或保险期不连续，扣1～2分		

续上表

评价类目	评价项目		释义	评价方法	标准分值	评价标准		得分
						扣分项	否决项	
6.1 安全生产条件 (45分)	6.1.3 人身保险 (8分)	6.1.3.3　项目经理部应投保安全生产责任险	《中华人民共和国安全生产法》规定:国家鼓励生产经营单位投保安全生产责任保险。 《公路水运工程安全生产监督管理办法》规定:鼓励从业单位投保安全生产责任保险和意外伤害保险。 项目经理部应按照《安全生产责任保险实施办法》规定投保安全生产责任险	**查资料:** 查安全生产责任险的投保合同、交款凭证等	2	未办理安全生产责任保险,扣2分		

续上表

评价类目	评价项目		释义	评价方法	标准分值	评价标准		得分
						扣分项	否决项	
6.1 安全生产条件 （45分）	6.1.4 安全组织机构 （13分）	6.1.4.1 项目经理部应成立安全生产领导小组	《建筑施工企业安全生产管理机构设置及专职安全生产管理人员配备办法》规定：建筑施工企业应当在建设工程项目组建安全生产领导小组。建设工程实行施工总承包的，安全生产领导小组由总承包企业、专业承包企业和劳务分包企业项目经理、技术负责人和专职安全生产管理人员组成。并建立健全从安全生产领导小组至基层班组的安全生产管理网络。 施工项目安全生产领导小组负责组织、研究、部署本项目安全生产工作，专题研究重大安全生产事项，制订、实施加强和改进本项目安全生产工作的措施	**查资料：** 查安全生产领导小组成立文件	2 ★★★	1. 项目经理部应成立安全生产领导小组，领导小组成员应覆盖项目主要管理人员及相关人员； 2. 项目经理部应明确安全生产领导小组职责及日常管理部门； 3. 以上内容应以正式文件形式发布		

续上表

评价类目	评价项目		释义	评价方法	标准分值	评价标准		得分
						扣分项	否决项	
6.1 安全生产条件 (45分)	6.1.4 安全组织机构 (13分)	6.1.4.2　项目经理部应设置专职安全生产管理人员,从业人员超过100人的项目应设置独立的安全生产管理部门	《中华人民共和国安全生产法》规定:建筑施工单位应当设置安全生产管理机构或者配备专职安全生产管理人员。从业人员超过一百人的,应当设置安全生产管理机构或者配备专职安全生产管理人员;从业人员在一百人以下的,应当配备专职或者兼职的安全生产管理人员。 《建设工程安全生产管理条例》规定:施工单位应当设立安全生产管理机构,配备专职安全生产管理人员	**查资料:** 查施工项目设置安全生产管理机构和专职安全生产管理人员任职的文件	4 ★★★	1. 项目经理部应根据规定设置独立的安全生产管理部门及专职安全生产管理人员,人员不得兼职; 2. 设置安全生产管理部门及专职安全生产管理人员应以文件形式发布		

续上表

评价类目	评价项目		释　义	评价方法	标准分值	评价标准		得分
						扣分项	否决项	
6.1 安全生产条件（45 分）	6.1.4 安全组织机构（13 分）	6.1.4.3　具有一定规模或经评估风险较大的施工项目应设置安全总监，安全总监宜持有国家注册安全工程师证书和相应的安全生产考核合格证书	具有一定规模是指施工项目的路线长度、互通服务区数量、互通大小、桥梁、隧道、路面等的规模或工程造价达到大型工程项目标准。 项目安全总监是施工项目安全生产的第一监管人，是承担对项目安全生产具有重要影响力和关系项目全局性安全工作事务的工作岗位。项目安全总监应持有“公路水运工程施工企业安全生产管理人员安全生产考核合格证书”（C 类）资格证书上岗，不得兼任。	**查资料：** 1. 查施工项目安全总监任命文件； 2. 查安全总监所持的资格证书	2 ★	1. 施工项目未设置安全总监的，扣 2 分； 2. 安全总监未持有注册安全工程师证书及“公路水运工程施工企业主要负责人和安全生产管理人员安全生产考核合格证书”的，扣 0.5分； 3. 未能提供安全总监任命或聘用文件的，扣 0.5 分		

续上表

评价类目	评价项目		释义	评价方法	标准分值	评价标准		得分
						扣分项	否决项	
6.1 安全生产条件（45分）	6.1.4 安全组织机构（13分）		一般而言，公路水运工程凡专项风险经评估等级达到高度风险（Ⅲ级）及以上的施工项目应设置安全总监，其余项目根据情况设置。 《中华人民共和国安全生产法》规定：鼓励生产经营单位聘用注册安全工程师从事安全生产管理工作					
		6.1.4.4 项目经理部应明确项目负责人、各部门及作业层的安全岗位职责及责任人	安全生产工作实行“党政同责、一岗双责、齐抓共管、失职追责”的责任制原则，项目经理部从业人员不仅要对所在岗位承担的具体业务工作负责，还要对所在岗位相应的安全生产负责。 项目负责人是本项目安全生产第一责任人，对本项目安全生产工作全面负	**查资料：** 1.查项目经理部安全生产责任制文件； 2.查项目主要负责人、分管安全生产的负责人及其他负责人的安全生产责任是否明确；	5 AR	1.未明确项目负责人、各部门及作业层的安全岗位职责及责任人的，扣3分； 2.安全岗位职责及职责人未全覆盖，扣1～2分； 3.相关岗位责任人对本岗位安全生产责任不清楚或不全面的，扣2～3分		

续上表

评价类目	评价项目		释义	评价方法	标准分值	评价标准		得分
						扣分项	否决项	
6.1 安全生产条件（45 分）	6.1.4 安全组织机构（13 分）		责，负全面组织领导、管理责任和法律责任；项目分管安全生产的负责人是安全生产的重要负责人，统筹协调和综合管理项目的安全生产工作，对本项目安全生产负重要管理责任；项目其他负责人对业务范围内的安全生产工作负责。 国务院安委会办公室《关于全面加强企业全员安全生产责任制工作的通知》要求，明确从主要负责人到一线从业人员（含劳务派遣人员、实习学生等）的安全生产责任、责任范围和考核标准。安全生产责任制应覆盖本企业所有组织和岗位，其责任内容、范围、考核标准要简明扼要、清晰明确、便于操作、适时更新	3. 查项目经理部各岗位、各部门及作业层的安全岗位职责及责任人是否明确。 **询问：** 1. 抽查相关岗位是否明确安全岗位责任人员； 2. 抽查相关岗位责任人是否清楚本岗位的安全生产职责				

续上表

评价类目	评价项目		释义	评价方法	标准分值	评价标准		得分
						扣分项	否决项	
6.1 安全生产条件(45分)	6.1.5 施工作业手续(5分)	项目经理部应根据工程实际,按规定办理跨线施工、交通管制及水上水下作业的相关安全许可手续	根据《中华人民共和国公路法》《中华人民共和国铁路法》《中华人民共和国航道法》《中华人民共和国电力法》《中华人民共和国石油天然气管道保护法》等规定,因跨越、穿越公路、铁路、航道、石油天然气管道施工,或在公路、铁路、航道、电力、石油天然气管道等保护区内进行施工的,应当事先按要求报送有关材料,经有关主管部门同意,影响安全的还须征得公安等有关机关的同意,签订安全防护协议	**查资料:** 查项目经理部办理相关安全许可的手续记录资料。 **查现场:** 查是否存在跨线或涉线施工作业	5	1. 未按规定办理相关施工作业安全许可手续的,每发现一处扣1分,扣完为止; 2. 施工作业安全许可手续不齐全的,扣1分		

续上表

评价类目	评价项目		释义	评价方法	标准分值	评价标准		得分
						扣分项	否决项	
6.2 安全生产管理制度(115分)	6.2.1 安全生产责任制度(10分)	项目经理部应制定安全生产责任制和考核制度,并逐级签订安全生产责任书	安全生产责任制,是根据安全生产法律、法规,按照“安全第一、预防为主、综合治理”的方针以及“管生产必须管安全”的原则,根据各自的工作任务、岗位特点,将项目经理部领导成员、职能部门及全体员工在生产过程应负的安全生产责任的规定,是项目经理部安全管理的重要制度之一。 项目经理部应建立安全责任考核机制,制定安全生产责任考核制度。建立以岗位安全绩效考核为重点,以落实岗位安全责任为主线,以杜绝岗位安全	**查资料:** 1. 查项目经理部安全生产责任制和考核制度; 2. 查项目经理部签订的各级安全生产责任书; 3. 查项目安全生产责任制考核记录; 4. 查项目安全生产责任制考核结果公示及奖惩情况	10 ★★★	1. 项目经理部应建立安全生产责任制及责任制考核制度,并以正式文件形式发布; 2. 项目经理部应逐级签订安全生产责任书; 3. 安全生产责任书内容应具体、岗位责任清晰明确; 4. 项目经理部应定期组织对安全生产责任制履行情况进行考核。考核结果应进行公示,依据考核结果进行奖惩		

续上表

评价类目	评价项目		释义	评价方法	标准分值	评价标准		得分
						扣分项	否决项	
6.2 安全生产管理制度 (115分)	6.2.1 安全生产责任制度 (10分)		责任事故为目标的全员安全生产责任考核办法。对项目经理部管理部门、各级管理人员及从业人员安全职责的履行情况和安全生产责任制的实现情况进行定期考核,考核结果应进行公示,并根据考核结果予以奖惩。加大安全生产责任考核在项目经理部员工绩效工资、评先评优等考核中的权重,重大责任事项实行"一票否决"					

续上表

评价类目	评价项目		释义	评价方法	标准分值	评价标准		得分
						扣分项	否决项	
6.2 安全生产管理制度(115分)	6.2.2 安全生产会议制度(7分)	6.2.2.1　项目经理部应建立安全生产领导小组会议和安全生产例会制度，会议记录应清晰、全面	项目经理部安全生产领导小组会议和安全生产例会制度应明确会议的频次、参加人员、召开背景、程序等内容。 安全生产领导小组会议和安全生产例会主要是落实上级安全生产委员会的会议决定，总结上一阶段的安全生产工作、安全生产目标、安全生产指标的完成情况，传达上级对安全生产的指令、文件精神及企业安全生产相关措施，总结安全生产情况和存在的问题，项目负责人对安全生产工作进行部署、对从业人员进行安全思想教育等。	**查资料：** 1.查安全生产领导小组会议和安全生产例会制度文件； 2.查安全生产会议记录(含影像资料)及纪要	4 ★★★	1.项目经理部应建立安全生产领导小组会议和安全生产例会制度并以文件形式发布； 2.应按安全生产制度规定召开安全生产例会； 3.安全生产例会会议记录应完整，签字齐全		

续上表

评价类目	评价项目		释义	评价方法	标准分值	评价标准		得分
						扣分项	否决项	
6.2 安全生产管理制度（115分）	6.2.2 安全生产会议制度（7分）		安全生产领导小组会议和安全生产例会应定期召开，遇有特殊情况时应及时召开。 项目经理部安全生产领导小组会议或安全生产例会应建立会议记录和会议影像资料，并下发会议纪要。记录或纪要的内容包括召开日期、参加人员、主持人、会议主要内容、形成的决议等					
		6.2.2.2 项目经理部会议要求应落实到位	会议形成的决议或要求应明确落实部门、落实负责人及时限，并在下一次会议时对落实情况进行通报	**查资料：** 1. 查会议记录或纪要中相关要求及落实情况； 2. 查会议要求落实的相关资料	3	1. 会议记录或会议纪要未下发者，扣1分； 2. 无落实会议要求的相关记录扣1～3分		

续上表

评价类目	评价项目		释义	评价方法	标准分值	评价标准		得分
						扣分项	否决项	
6.2 安全生产管理制度（115分）	6.2.3 安全教育培训制度（10分）	6.2.3.1 项目经理部应制定安全教育培训制度和计划	《中华人民共和国安全生产法》第十八条规定：生产经营单位的主要负责人对本单位安全生产工作负有下列职责：（三）组织制定并实施本单位安全生产教育和培训计划。 《安全生产培训管理办法》第十条规定：生产经营单位应当建立安全培训管理制度，保障从业人员安全培训所需经费，对从业人员进行与其所从事岗位相应的安全教育和培训。 施工项目应确定安全教育和培训主管部门，按规定及岗位需要，定期识别安全教育和培训需求，制定、实施安全教育和培训计划，提供相应的资源保证。	**查资料：** 1.查安全教育和培训制度文件； 2.查项目安全教育和培训计划及实施情况	3 ★★★	1.项目经理部应建立安全教育和培训制度并以文件形式发布； 2.项目经理部应制定安全教育和培训计划，经项目负责人审批后发布实施		

续上表

评价类目	评价项目		释义	评价方法	标准分值	评价标准		得分
						扣分项	否决项	
6.2 安全生产管理制度 (115分)	6.2.3 安全教育培训制度 (10分)		项目经理部安全教育和培训制度应包括项目主要负责人及安全管理人员的安全生产资格培训、从业人员的“三级”教育和培训、特种作业人员的安全培训、转岗、变换工种和“四新”安全培训、复工安全教育和培训、全员和经常性安全教育和培训,并对各类培训的对象、内容、学时和档案管理做出规定。 安全教育和培训计划应明确培训目的、时间、人员、内容、学时、形式等					

续上表

评价类目	评价项目		释义	评价方法	标准分值	评价标准		得分
						扣分项	否决项	
6.2 安全生产管理制度 (115分)	6.2.3 安全教育培训制度 (10分)	6.2.3.2　项目经理、管理人员、专职安全人员、特种人员、转岗、新进场从业人员的安全教育培训学时、内容、方法等要求应明确	《中华人民共和国安全生产法》第二十五条规定:生产经营单位应当对从业人员进行安全生产教育和培训,保证从业人员具备必要的安全生产知识,熟悉有关的安全生产规章制度和安全操作规程,掌握本岗位的安全操作技能,了解事故应急处理措施,知悉自身在安全生产方面的权利和义务。未经安全生产教育和培训合格的从业人员,不得上岗作业。 1. 项目负责人和安全生产管理人员初次安全培训时间不得少于32学时;每年再培训时间不得少于12学时。	**查资料:** 查安全教育和培训制度、计划中关于培训学时、内容、方法的要求	2 AR	1. 未对安全教育和培训学时、内容、方法等做出明确要求的,每项扣0.5分; 2. 安全教育培训学时、内容有缺陷或无针对性,扣1分		

续上表

评价类目	评价项目		释义	评价方法	标准分值	评价标准		得分
						扣分项	否决项	
6.2 安全生产管理制度（115分）	6.2.3 安全教育培训制度（10分）		施工项目新上岗的从业人员，岗前安全培训时间不得少于24学时。 2.项目负责人、安全生产管理人员及从业人员的安全培训内容应符合《生产经营单位安全培训规定》。 3.施工项目应当对管理人员和作业人员每年至少进行一次安全生产教育和培训，其教育和培训情况记入个人工作档案。安全生产教育和培训考核不合格的人员，不得上岗。作业人员进入新的岗位或者新的施工现场前，应当接受安全生产教育和培训。未经教育和培训或者教育和培训考核不合格的人员，					

续上表

评价类目	评价项目		释义	评价方法	标准分值	评价标准		得分
						扣分项	否决项	
6.2 安全生产管理制度（115分）	6.2.3 安全教育培训制度（10分）		不得上岗作业。施工项目在采用新技术、新工艺、新设备、新材料时，应当对作业人员进行相应的安全生产教育和培训。 施工项目使用被派遣劳动者的也应纳入本项目从业人员统一管理，进行岗位安全操作规程和安全操作技能的教育和培训					
		6.2.3.3　培训时间、培训内容、参加培训人员的记录应清晰	项目经理部应当建立健全从业人员安全生产教育和培训档案，如实记录安全生产教育和培训的时间、内容、参加人员以及考核结果等情况	**查资料：** 查安全教育和培训记录中相关内容、考核结果和签字情况。 **询问：** 相关岗位人员本岗位应知应会的安全知识	5 AR	1. 安全教育培训时间（学时）、内容、参加培训人员记录不清晰，扣1～4分； 2. 未建立安全教育培训台账或更新不及时，扣1分； 3. 从业人员未经安全生产教育和培训或未考核合格上岗的，发现1人扣0.5分		

续上表

<table>
<tr><th rowspan="2">评价类目</th><th rowspan="2" colspan="2">评价项目</th><th rowspan="2">释义</th><th rowspan="2">评价方法</th><th rowspan="2">标准分值</th><th colspan="2">评价标准</th><th rowspan="2">得分</th></tr>
<tr><th>扣分项</th><th>否决项</th></tr>
<tr><td rowspan="2">6.2
安全生产管理制度
(115分)</td><td rowspan="2">6.2.4
安全生产费用管理制度
(10分)</td><td>6.2.4.1 项目经理部应制定安全生产费用管理制度,并专款专用、足额提取</td><td>项目经理部应根据“规范计取,合理计划,计量支付,确保投入”的原则制定安全生产费用管理制度,明确安全生产费用使用的范围、管理的程序、职责及权限,接受安全生产监督管理部门和审计部门的监督</td><td>查资料:
1.查安全生产费用管理制度文件;
2.查财务专项账户建立情况</td><td>3
★★★</td><td>1.项目经理部应建立安全生产费用管理制度并以文件形式发布;
2.制度中应对安全生产费用使用范围做出明确规定;
3.项目经理部应设立单独的安全生产费用账户,规范计取,合理计划,计量支付,足额投入</td><td></td><td></td></tr>
<tr><td>6.2.4.2 项目经理部应编制安全生产费用使用计划</td><td>项目经理部应当加强安全生产费用的使用,编制年度和季度(或月)安全生产费用提取和使用计划。项目年度安全费用使用计划和上一年安全费用的提取、使用情况按照制度规定报上级单位财务部门、安全生产监督管理部门备案</td><td>查资料:
查安全生产费用使用计划</td><td>3</td><td>1.未编制安全生产费用使用计划,扣2分;
2.安全生产费用使用计划未经项目负责人审批的扣1分;计划未按季度(或月)落实的,扣1分</td><td></td><td></td></tr>
</table>

续上表

评价类目	评价项目		释义	评价方法	标准分值	评价标准		得分
						扣分项	否决项	
6.2 安全生产管理制度（115分）	6.2.4 安全生产费用管理制度（10分）	6.2.4.3　项目经理部应建立安全生产费用管理台账	项目经理部应当建立安全生产费用使用台账，跟踪、监督安全生产费用使用情况，明确安全生产费用使用范围和要求，落实安全防护物品、设备、设施、培训教育、应急演练等支出，确保安全生产费用专项用于安全生产	**查资料：** 查安全生产费用管理台账、费用明细、使用凭证	4	1.未建立安全生产费用管理台账，扣4分； 2.台账不清晰、更新不及时、费用明细不清晰、记录不全面扣1～2分； 3.安全生产费用支出项目不符合规定，每发现1项扣1分，扣完为止		
	6.2.5 职业健康管理制度（6分）	6.2.5.1　项目经理部应制定职业健康管理制度	项目经理部应建立安全生产与职业健康一体化管理制度，健全职业健康管理机构和专（兼）职管理人员，规定风险管控、宣传培训教育、职业病危害因素监测及评价、应急救援等管理要求，制订职业病防治工作计划和实施方案，保障资金投入，采取有效措施不断加强职业健康管理	**查资料：** 1.查职业健康管理制度文件； 2.查职业健康管理机构和专（兼）职管理人员设置情况	2 ★★★	1.项目经理部应制定职业健康管理制度并以文件形式发布； 2.项目经理部应设置职业健康管理机构和专（兼）职管理人员并明确岗位职责		

续上表

评价类目	评价项目		释义	评价方法	标准分值	评价标准		得分
						扣分项	否决项	
6.2 安全生产管理制度(115分)	6.2.5 职业健康管理制度(6分)	6.2.5.2 项目经理部应建立、健全职业卫生档案和劳动者健康监护档案	项目经理部应建立、健全与职业病防治、工作场所职业病危害因素检测、评价、检查、事故预防、应急、劳动者健康检查、监护、教育和培训、职业病诊疗、鉴定等全过程的档案并规范管理。 《中华人民共和国职业病防治法》规定:职业健康监护档案应当包括劳动者的职业史、职业病危害接触史、职业健康检查结果和职业病诊疗等有关个人健康资料。	**查资料:** 1. 查职业卫生档案和劳动者健康监护档案; 2. 查职业健康体检机构资质证书; 3. 查职业危害告知情况; 4. 查从事职业危害作业人员的体检报告	4	1. 未建立职业卫生档案和劳动者健康监护档案的,扣4分; 2. 职业健康体检机构不符合要求的,扣3分; 3. 未将职业危害告知相关作业场所及岗位的作业人员的,扣3分; 4. 从事职业危害人员健康档案建立不齐全、更新不及时的,扣1~2分		

续上表

评价类目	评价项目		释义	评价方法	标准分值	评价标准		得分
						扣分项	否决项	
6.2 安全生产管理制度(115分)	6.2.5 职业健康管理制度(6分)		项目经理部从事职业危害作业人员应按规定进行体检,职业健康体检机构应具有省级卫生计生行政部门颁发的《职业健康检查机构资质批准证书》,所检查类别和项目应符合证书要求。 按照《职业病分类和目录》,施工现场常见职业病包括:矽肺、电焊工尘肺、接触性皮炎、电光性眼炎、噪声聋、中暑、高原病、手臂振动病等					

续上表

评价类目	评价项目		释义	评价方法	标准分值	评价标准		得分
						扣分项	否决项	
6.2 安全生产管理制度 (115分)	6.2.6 机械设备设施管理制度 (16分)	6.2.6.1 项目经理部应建立机械设备设施管理制度及台账	施工现场机械设备包括:通用机械、工程机械、电工机械、木工机械、汽车等。 施工临时设施是指为保证施工生产和管理的正常进行而临时搭建的各种建筑物、构筑物和其他设施。 项目经理部应当建立机械设备、设施管理制度,明确机械设备、设施安全管理相关要求,配置机械设备、设施管理人员,及时对机械设备进行检验,定期进行自检、维修,确保其安全使用性能,建立相应的记录资料。 项目经理部及时对进场的机械设备产品合格证、使用说明书等技术资料进行收集并存档,建立机械设备动态管理台账。特种设备应收集制造单位生产许可证	**查资料:** 1.查项目经理部机械设备、设施的管理制度文件; 2.查机械设备、设施管理台账; 3.查机械设备、设施检验报告、定期自检、维修记录; 4.查机械设备、设施产品合格证、检验证书	2	1.未建立机械设备、设施管理制度并以文件形式发布,扣1分; 2.未建立机械设备、设施管理台账,扣2分; 3.未收集机械设备、设施的生产许可证、产品合格证、检验证书、维修记录,每项扣0.5分		

续上表

评价类目	评价项目		释义	评价方法	标准分值	评价标准		得分
						扣分项	否决项	
6.2 安全生产管理制度(115分)	6.2.6 机械设备设施管理制度(16分)	6.2.6.2　项目经理部应建立特种设备管理制度、台账及管理档案,一机一档	项目经理部应当建立特种设备安全管理制度及特种设备事故应急预案,按照“一机一档”的原则建立特种设备安全技术档案。对现场特种设备及其操作人员建立动态台账,明确设备名称、进退场时间、岗位、工种、持证情况等信息,备存身份证复印件,并按要求进行相应的备案。 特种设备安全技术档案应当包括以下内容:(一)特种设备的设计文件、产品质量合格证明、安装及使用维护说明、监督检验证明等相关技术资料和文件;(二)特种设备的定期	**查资料:** 1.查项目经理部特种设备管理制度文件; 2.查特种设备管理台账及“一机一档”管理档案。 **查现场:** 根据台账现场查验特种设备管理档案是否齐全、真实、管理规范	2 ★★★	1.项目经理部应建立特种设备管理制度并以文件形式发布; 2.应建立特种设备管理台账,设备无缺漏; 3.特种设备安全技术档案齐全、真实,管理规范		

续上表

评价类目	评价项目		释义	评价方法	标准分值	评价标准		得分
						扣分项	否决项	
6.2 安全生产管理制度 (115分)	6.2.6 机械设备设施管理制度 (16分)		检验和定期自行检查记录;(三)特种设备的日常使用状况记录;(四)特种设备及其附属仪器仪表的维护记录;(五)特种设备的运行故障和事故记录。 公路工程特种设备目录参照《公路工程施工安全技术规范》(JTG F90—2015)中附录E"特种设备名录"及《质检总局关于修订〔特种设备目录〕的公告》(2014年第114号)、《质检总局关于实施新修订的〈特种设备目录〉若干问题的意见》(国质检特〔2014〕679号)					

续上表

评价类目	评价项目		释义	评价方法	标准分值	评价标准		得分
						扣分项	否决项	
6.2 安全生产管理制度（115分）	6.2.6 机械设备设施管理制度（16分）	6.2.6.3 特种设备投入使用前应经具备相应资质的单位检测合格，日常检查、维修、记录应齐全	特种设备安装、改造、修理的施工项目应当在施工前将拟进行的特种设备安装、改造、修理情况书面告知直辖市或者设区的市级人民政府负责特种设备安全监督管理的部门。 特种设备安装、改造、修理竣工后，安装、改造、修理的施工项目应当在验收后三十日内将相关技术资料和文件移交特种设备使用单位。特种设备使用单位应当将其存入该特种设备的安全技术档案。	**查资料：** 查特种设备检测报告、日常检查记录、维修记录。 **查现场：** 根据相关记录现场查验特种设备管理情况	5 AR	1. 特种设备未经检验合格投入使用的，扣5分。 2. 无检验合格报告、日常检查、维修记录，扣2分；记录不齐全，扣1分		

续上表

评价类目	评价项目		释义	评价方法	标准分值	评价标准		得分
						扣分项	否决项	
6.2 安全生产管理制度 (115分)	6.2.6 机械设备设施管理制度 (16分)		项目经理部应当使用符合安全技术规范要求的特种设备。特种设备投入使用前,使用单位应当核对其是否附有规定的相关文件。特种设备使用单位应当对在用特种设备进行经常性日常维护,并定期自行检查。特种设备使用单位对在用特种设备应当至少每月进行一次自行检查,并作出记录。对在用特种设备进行自行检查和日常维护时发现异常情况的,应当及时处理。特种设备使用单位应当对在用特种设备的安全附件、安全保护装置、测量调控装置及有关附属仪器仪表进行定期校验、检修,并作出记录					

续上表

评价类目	评价项目		释　义	评价方法	标准分值	评价标准		得分
						扣分项	否决项	
6.2 安全生产管理制度 (115分)	6.2.6 机械设备设施管理制度 (16分)	6.2.6.4　特种设备安装、拆除应由具备相应资质的单位承担	锅炉、压力容器、电梯、起重机械、客运索道、大型游乐设施及其安全附件、安全保护装置的制造、安装、改造单位,以及压力管道用管子、管件、阀门、法兰、补偿器、安全保护装置等元件的制造单位和场(厂)内专用机动车辆的制造、改造单位,应当经国务院特种设备安全监督管理部门许可,方可从事相应的活动。前款特种设备的制造、安装、改造单位应当具备下列条件: ①有与特种设备制造、安装、改造相适应的专业技术人员和技术工人; ②有与特种设备制造、安装、改造相适应的生产条件和检测手段; ③有健全的质量管理制度和责任制度	**查资料:** 查特种设备安拆单位资质文件	3	1. 特种设备安装、拆除由不具备相应资质条件的单位承担的,扣3分; 2. 特种设备安装、拆除无方案的,每发现一台扣2分		

续上表

评价类目	评价项目		释义	评价方法	标准分值	评价标准		得分
						扣分项	否决项	
6.2 安全生产管理制度（115分）	6.2.6 机械设备设施管理制度（16分）	6.2.6.5　大型模板、承重支架及未列入国家特种设备目录的非标准设备投入使用前，应组织验收	按照《关于实施〈危险性较大的分部分项工程安全管理规定〉有关问题的通知》（建办质〔2018〕31号）的规定，大型模板是指： ①各类工具式模板工程：包括滑模、爬模、飞模、隧道模等工程； ②混凝土模板支撑工程：搭设高度5m及以上，或搭设跨度10m及以上，或施工总荷载（设计值）$10kN/m^2$及以上，或集中线荷载（设计值）15kN/m及以上，或高度大于支撑水平投影宽度且相对独立无联系构件的混凝土模板支撑工程。 承重支架是指用于钢结构安装、预应力钢筋混凝土梁现浇等满堂支撑体系。	**查资料：** 查大型模板、承重支架及未列入国家特种设备目录的非标准设备或其主要部件的生产合格证、检验报告、施工方案、验收报告。 **查现场：** 现场查验模板、支架、非标准设备验收情况	4 ★★★	1.生产合格证、检验报告应齐全、有效； 2.现场安装应有专项施工方案，审批、论证符合要求； 3.模板、支架或非标准设备应进行验收，定期进行检查或检验，记录齐全		

续上表

评价类目	评价项目		释义	评价方法	标准分值	评价标准		得分
						扣分项	否决项	
6.2 安全生产管理制度(115分)	6.2.6 机械设备设施管理制度(16分)		非标准设备主要是指自升式爬模、滑模系统、翻模系统、挂篮、移动模架、简易提升设备等。非标准设备在投入使用前,应当符合安全技术规范要求,使用单位应当按照安全技术规范的要求进行检验检测和预压,未经定期检验或者检验不合格的设备,不得投入使用。 大型模板、承重支架及未列入国家特种设备目录的非标准设备或其主要部件应由具备相应资质的单位生产制造,出具生产合格证,按规定应进行检验,并由具备检验资格的单位出具检验报告。投入使用前,施工项目应组织技术、设备、安全、质量等部门进行验收,并根据进行相应的检测和试验,填写试验检测和验收记录					

续上表

评价类目	评价项目		释义	评价方法	标准分值	评价标准		得分
						扣分项	否决项	
6.2 安全生产管理制度 (115分)	6.2.7 危险品安全管理制度 (16分)	6.2.7.1 项目经理部应制定危险品安全管理制度	使用危险化学品的项目经理部,其使用条件(包括工艺)应当符合法律、行政法规的规定和国家标准、行业标准的要求,并根据所使用的危险化学品的种类、危险特性以及使用量和使用方式,建立、健全使用危险化学品的安全管理规章制度和安全操作规程,明确项目施工生产中所涉及的危险品的名称、种类、风险等级、管控措施、应急处置等,保证危险化学品的安全使用	**查资料:** 查危险品安全管理制度文件	2 ★★★	1. 项目经理部应制定危险品安全管理制度; 2. 危险品安全管理制度内容健全并以文件形式发布		

续上表

评价类目	评价项目		释义	评价方法	标准分值	评价标准		得分
						扣分项	否决项	
6.2 安全生产管理制度 (115分)	6.2.7 危险品安全管理制度 (16分)	6.2.7.2 危险品管理人员应配备到位并持证上岗	生产、储存、使用、经营、运输危险化学品单位应当具备法律、行政法规规定和国家标准、行业标准要求的安全条件,建立、健全安全管理规章制度和岗位安全责任制度,配备依法取得相应资格的人员,并对从业人员进行安全教育、法制教育和岗位技术培训。从业人员应当接受教育和培训,民爆物品从业人员应经考核合格后上岗作业	**查资料:** 查危险品管理人员台账、民爆物品从业人员持证情况。 **查现场:** 根据台账对现场在岗管理人员对应检查	3 ★★★	1.危险品应由专门人员管理; 2.民爆物品管理人员应持有效证书,人证相符		

续上表

评价类目	评价项目		释义	评价方法	标准分值	评价标准		得分
						扣分项	否决项	
6.2 安全生产管理制度 (115分)	6.2.7 危险品安全管理制度 (16分)	6.2.7.3 危险物品进出库及退库台账应清晰，管理措施、使用记录等应符合相关规定	危险化学品应当储存在专用仓库、专用场地或者专用储存室内，并由专人负责管理；剧毒化学品以及储存数量构成重大危险源的其他危险化学品，应当在专用仓库内单独存放，并实行双人收发、双人保管制度。 危险化学品的储存方式、方法以及储存数量应当符合国家标准或者国家有关规定。 储存危险化学品的单位应当建立危险化学品出入库核查、登记制度。 项目经理部要严格执行危险品入库前记账、登记制度，入库后应当定期检查并做详细的文字记录	**查资料：** 查危险物品进出库及退库台账、使用记录。 **查现场：** 现场查验危险物品管理及出入库情况及管理措施落实情况	3	1. 未建立危险品进出库及退库台账扣3分；危险品进出库台账不全、不连续，扣1～2分； 2. 未定期对危险物品使用、管理情况进行检查，或管理措施不符合要求的，扣1～2分； 3. 危险品使用记录不全，发现一起扣1分； 4. 危险品库存数量与台账记录不符，扣3分		

续上表

评价类目	评价项目		释义	评价方法	标准分值	评价标准		得分
						扣分项	否决项	
6.2 安全生产管理制度（115分）	6.2.7 危险品安全管理制度（16分）	6.2.7.4　爆破工程施工应得到有关部门批准	使用爆破器材的单位，必须经上级主管部门审查同意，并持说明使用爆破器材的地点、品名、数量、用途、四邻设施距离的文件和安全操作规程，向所在地县、市公安局申请领取《爆炸物品使用许可证》，方准使用。施工项目应留存好《爆炸物品使用许可证》等相关批准文件资料，及时报备并妥善保管。 进行爆破作业的单位应依法取得《爆破作业单位许可证》	**查资料：** 查爆破工程施工《爆炸物品使用许可证》等相关批准性文件	5 ★★★	1. 爆破施工应经公安机关审批，爆破施工前应发布施工公告； 2. 爆破作业相关审批、备案、登记手续应齐全； 3. 爆破作业单位的《爆破作业单位许可证》应与作业内容相符		

续上表

<table>
<tr><th rowspan="2">评价类目</th><th colspan="2" rowspan="2">评价项目</th><th rowspan="2">释义</th><th rowspan="2">评价方法</th><th rowspan="2">标准分值</th><th colspan="2">评价标准</th><th rowspan="2">得分</th></tr>
<tr><th>扣分项</th><th>否决项</th></tr>
<tr><td>6.2
安全生产管理制度
(115分)</td><td>6.2.7
危险品安全管理制度
(16分)</td><td>6.2.7.5 项目经理部应按规定编制爆破设计书及施工组织设计</td><td>A级、B级、C级、D级爆破工程均应编制爆破设计书;其他一般爆破应编制爆破说明书。爆破工程开工之前,应由爆破单位根据设计文件和施工合同编制施工组织设计。
爆破单位必须按规定编制《爆破设计书》《爆破工程施工组织设计》及相关方案、管理措施文件,及时上报、报备,审批后及时归档。
制定相关的爆破安全操作规程,及时向爆破员及安全员进行交底</td><td>查资料:
1. 查爆破设计书、施工组织设计文件及其审批手续;
2. 查爆破施工安全技术交底</td><td>3</td><td>1. 未编制爆破作业设计书及施工组织设计,扣2分;
2. 未执行上报、报备、审批等流程的,扣2分;
3. 未进行爆破作业交底的,扣1~2分</td><td></td><td></td></tr>
</table>

续上表

评价类目	评价项目		释　义	评价方法	标准分值	评价标准		得分
						扣分项	否决项	
6.2 安全生产管理制度 (115分)	6.2.8 消防安全制度 (8分)	6.2.8.1　项目经理部应制定消防安全制度，绘制消防设施布设图，明确消防责任区域、责任人	施工项目应当在施工现场建立消防安全责任制度，确定消防安全责任人，制定用火、用电、使用易燃易爆材料等各项消防安全管理制度和操作规程。 项目经理部应当按照国家有关规定，结合本单位的特点，建立健全各项消防安全制度和保障消防安全的操作规程，并明确逐级和岗位消防安全职责，确定各级、各岗位的消防安全责任人，公布执行。 消防安全制度主要包括以下内容：消防安全教育、培训；防火巡查、检查；安全疏散设施管理；消防(控制室)值班；消防设施、器	**查资料：** 查消防安全制度文件。 **查现场：** 现场查验消防设施布设图、责任区域、责任人	4 ★★★	1. 项目经理部应制定消防安全制度并以文件形式发布； 2. 消防职责或责任人应明确； 3. 现场应绘制消防设施布设图		

续上表

评价类目	评价项目		释义	评价方法	标准分值	评价标准		得分
						扣分项	否决项	
6.2 安全生产管理制度 (115分)	6.2.8 消防安全制度 (8分)		材维护管理;火灾隐患整改;用火、用电安全管理;易燃易爆危险物品和场所防火防爆;专职和义务消防队的组织管理;灭火和应急疏散预案演练;燃气和电气设备的检查和管理(包括防雷、防静电);消防安全工作考评和奖惩;其他必要的消防安全内容。 项目经理部应在“两区三厂”(生活区、办公区、预制厂、混凝土拌和厂、钢筋加工厂)设置消防设施布设图,划分消防责任区域,明确责任人、责任范围,并在入口处设置明显标识					

续上表

评价类目	评价项目		释义	评价方法	标准分值	评价标准		得分
						扣分项	否决项	
6.2 安全生产管理制度(115分)	6.2.8 消防安全制度(8分)	6.2.8.2 项目经理部应建立消防器材管理使用台账,消防器具配置及维护应符合相关规定	项目经理部应按照国家标准、行业标准配置消防设施、器材,设置消防安全标志,确保齐全完好有效。 项目经理部应当按照有关规定定期对灭火器进行维护和维修检查。对灭火器应当建立档案资料,记明配置类型、数量、设置位置、检查维修单位(人员)、更换药剂的时间等有关情况	**查资料:** 查消防器材管理使用台账。 **查现场:** 现场查验消防器具配置及维护情况	4	1. 未建立消防器材管理使用台账扣2分;消防器材管理使用台账不完善,扣1分; 2. 消防器具配置、检查或维护不符合要求的,扣1~2分		
	6.2.9 安全检查制度(20分)	6.2.9.1 项目经理部应制定安全检查制度	根据安全生产法律法规对施工项目相关责任人的职责要求,项目经理部应建立完善安全检查制度,明确检查方式、内容、频次、责任主体等规定。一般包括定期检查和专项检查等	**查资料:** 查安全检查制度文件	2 ★★★	1. 项目经理部应建立安全检查制度并以文件形式发布; 2. 安全检查制度应明确检查频次、检查内容及检查形式		

续上表

评价类目	评价项目		释义	评价方法	标准分值	评价标准		得分
						扣分项	否决项	
6.2 安全生产管理制度（115 分）	6.2.9 安全检查制度（20 分）	6.2.9.2 项目经理部应建立项目负责人带班制度	项目经理部应根据项目施工特点，建立项目负责人施工现场轮流带班生产制度，明确工作内容、职责权限、人员安排和考核奖惩等要求，制定月度带班生产计划，并严格实施。 施工期间，每日带班生产的项目负责人姓名及其联系方式、监督电话等，应当在项目经理部驻地立牌公告。 项目负责人现场轮流带班生产制度执行情况纳入对施工企业的信用评价范围	**查资料：** 查项目负责人带班生产制度及带班生产记录。 **查现场：** 现场查看项目负责人带班生产公告牌	3	1. 未制定项目负责人带班生产制度扣 3 分；制度未明确带班生产工作内容等的，扣 1 分； 2. 项目负责人带班制度未以文件形式发布的，扣 1 分； 3. 缺少项目负责人带班记录或带班记录由他人代填的，扣 1 分		

续上表

评价类目	评价项目		释义	评价方法	标准分值	评价标准		得分
						扣分项	否决项	
6.2 安全生产管理制度(115分)	6.2.9 安全检查制度(20分)	6.2.9.3 项目经理部应制定隐患排查工作方案，明确隐患排查频率，应对发现隐患进行分析，制定具有针对性的隐患治理措施	项目经理部应当建立事故隐患排查治理工作方案，定期组织安全生产管理人员、工程技术人员和其他相关人员排查本单位的事故隐患，对排查出的事故隐患，制定有针对性的隐患治理措施，应当按照事故隐患的等级进行登记，建立事故隐患排查台账，并按照职责分工实施监控治理。隐患排查台账的内容包括：隐患名称、存在时限、完成时间、存在的部位、地点和环节、治理措施、责任部门及个人、治理资金、预案等方面	**查资料：** 1. 查隐患排查工作方案； 2. 查隐患排查记录、隐患统计表或隐患台账； 3. 查隐患分析及治理措施实施情况	4	1. 未制定隐患排查工作方案，扣2分； 2. 方案未以文件形式发布，扣1分； 3. 未按规定的频率开展隐患排查，扣1～2分； 4. 未建立隐患台账、对隐患进行分析或上报不及时的，扣1分； 5. 未制定隐患治理措施，扣1分		

续上表

评价类目	评价项目		释义	评价方法	标准分值	评价标准		得分
						扣分项	否决项	
6.2 安全生产管理制度（115分）	6.2.9 安全检查制度（20分）	6.2.9.4 挂牌督办的重大安全隐患应按相关规定及时整治并销号	项目经理部在重大隐患治理过程中，应当采取相应的安全防范措施。重大隐患治理过程中无法保证安全的，应当从危险区域内撤出作业人员，并疏散可能危及的其他人员，设置警戒标志，暂时局部或全部停工；对暂时难以停工或者停止使用的设施、设备，应当加强监测与维护，防止意外事故发生。 重大隐患治理整改结束后，项目经理部应及时将整改情况向项目监理、建设单位以及本企业安全管理部门进行书面报告。报告内容包括：	**查资料：** 查重大安全隐患台账、挂牌督办通知书及销号记录。 **查现场：** 现场查验重大安全隐患整治销号结果	5	1. 未对重大安全隐患挂牌督办，扣1～2分； 2. 隐患整治中安全防范措施不到位的，扣1～2分； 3. 未建立安全隐患销号记录的，扣1分； 4. 未编制安全隐患整治情况书面报告的，扣1～2分		

续上表

评价类目	评价项目		释义	评价方法	标准分值	评价标准		得分
						扣分项	否决项	
6.2 安全生产管理制度 (115分)	6.2.9 安全检查制度 (20分)		①重大隐患的现状及其产生原因; ②采取的治理措施和实施过程; ③治理效果以及可能存在的遗留问题; ④预防措施; ⑤其他意见建议					
		6.2.9.5 项目经理部应明确定期、专项安全检查的时间、频率、责任人、检查内容、实施要求等	项目经理部定期安全检查每月不应少于一次。专项检查应结合施工所处阶段、季节变化、节假日或特殊时期、风险因素或隐患治理等专门开展。通过检查及时消除施工现场的安全隐患,改进和提高项目安全管理	**查资料:** 查定期、专项安全检查计划等	2	1. 未制定定期、专项安全检查计划,扣2分; 2. 安全检查时间、责任人、检查内容、实施要求不明确的,扣1分		

续上表

评价类目	评价项目		释义	评价方法	标准分值	评价标准		得分
						扣分项	否决项	
6.2 安全生产管理制度（115分）	6.2.9 安全检查制度（20分）	6.2.9.6 项目经理部检查、整改应有书面记录，并形成闭合管理	安全检查记录应详细记录检查时间、对象、检查内容、整改要求、检查人员及被检查单位责任人。整改记录应包括隐患或问题描述、原因分析、整改措施、整改完成时间、责任人及验证人等内容。检查、整改记录应清晰，签字齐全，存在问题及隐患实现闭合管理，重大隐患必须挂牌督办	**查资料：** 查安全检查记录、通报及其整改回执。 **查现场：** 现场查安全隐患是否整改到位	4	1. 未形成书面安全检查记录的，扣1分； 2. 未定期下发书面安全检查通报的，扣1～2分； 3. 无书面安全检查整改记录的，扣1分； 4. 安全检查整改不合格的，扣1～2分		
	6.2.10 安全奖惩考核制度（5分）	6.2.10.1 项目经理部应制定安全奖惩考核制度，制度中应明确奖惩的条件及方式	项目经理部应制定安全奖惩制度，将安全生产目标责任考核与奖励、惩罚有机地结合起来，对成效显著的单位和个人要以适当形式予以表扬和奖励，对违法违规、失职渎职的，依法严格追究责任。	**查资料：** 1. 查安全奖惩考核制度文件； 2. 查安全奖惩制度文件中关于奖惩的条件及方式要求	3 ★★★	1. 项目经理部应建立安全奖惩考核制度并以文件形式发布； 2. 安全奖惩考核制度应明确奖惩的条件及方式		

续上表

<table>
<tr><th rowspan="2">评价类目</th><th colspan="2" rowspan="2">评价项目</th><th rowspan="2">释义</th><th rowspan="2">评价方法</th><th rowspan="2">标准分值</th><th colspan="2">评价标准</th><th rowspan="2">得分</th></tr>
<tr><th>扣分项</th><th>否决项</th></tr>
<tr><td rowspan="2">6.2
安全生产管理制度（115分）</td><td rowspan="2">6.2.10
安全奖惩考核制度（5分）</td><td></td><td>项目经理部应依照安全生产法律法规、项目管理目标考核及责任分工等设定奖励或处罚的条件，按照责任分工、事件性质、产生的效益或造成的损失、影响等明确奖惩方式，包括表彰、奖励、处分、处罚等。奖惩条件及方式应明确责任主体，利于实施</td><td></td><td></td><td></td><td></td><td></td></tr>
<tr><td>6.2.10.2　奖惩考核制度落实应有记录</td><td>项目经理部应建立并保存有效的奖惩考核文件记录，各项表彰、奖励、处分、处罚落实到责任主体。
各类记录应妥善保管并归档</td><td>查资料：
1.查安全奖惩考核文件或记录；
2.查财务部门安全奖惩款项账务记录</td><td>2</td><td>1.安全奖惩考核制度不执行的，扣2分；
2.安全奖惩考核制度执行不到位，扣1分；
3.安全考核文件记录未经相关领导签字的，扣1分</td><td></td><td></td></tr>
</table>

续上表

评价类目	评价项目		释义	评价方法	标准分值	评价标准		得分
						扣分项	否决项	
6.2 安全生产管理制度 (115分)	6.2.11 相关方安全管理制度 (4分)	项目经理部应制定相关方安全管理制度	相关方指工作场所内外与施工项目安全生产绩效有关或受其影响的个人或团体。包括:分包队伍、物资供应商、交叉作业单位、提供咨询与服务单位、进入施工现场的居民、内外部与本项目施工有关的人员等。 项目经理部应对相关方资格预审、选择、服务前准备、作业过程、提供的产品、技术服务、表现评估、续用等进行管理。 建立合格相关方的名录和档案,根据服务作业行为定期识别服务行为风险,并采取行之有效的控制措施。对进入同一作业区的相关方进行统一安全管理,签订专门的安全协议,明确双方的安全责任和义务	**查资料:** 1. 查相关方安全管理制度文件; 2. 查与相关方的安全协议; 3. 查相关方安全管理制度对相关方的告知情况	4	1. 未建立相关方安全管理制度,扣2分; 2. 相关方安全管理制度未对相关方单位和个人进行告知的,扣1分; 3. 未与相关方签订专门的安全协议,扣2分		

续上表

评价类目	评价项目		释义	评价方法	标准分值	评价标准		得分
						扣分项	否决项	
6.2 安全生产管理制度 (115分)	6.2.12 安全生产事故报告制度 (3分)	项目经理部应制定安全生产事故报告制度	项目经理部应制定安全生产事故报告制度,明确安全生产事故报告程序、内容及要求,并告知项目经理部有关从业人员	**查资料:** 查安全生产事故报告制度文件	3 ★★★	1.项目经理部应建立安全生产事故报告制度并以文件形式发布; 2.安全生产事故报告制度内容应齐全并符合相关规定; 3.项目经理部应向各部门、各施工队或从业人员告知安全生产事故报告的程序		

续上表

评价类目	评价项目		释义	评价方法	标准分值	评价标准		得分
						扣分项	否决项	
6.3 安全技术管理(80分)	6.3.1 施工组织设计(10分)	6.3.1.1 项目经理部应按相关规定编制施工组织设计。施工组织设计中应有安全措施	施工组织设计是以施工项目为对象编制的,用以指导施工的技术、经济和管理的综合性文件。 《建设工程安全生产管理条例》规定:施工单位应当在施工组织设计中编制安全技术措施。 《建筑施工组织设计规范》(GB/T 50502—2009)施工组织设计中的安全措施应包括: ①确定项目重要危险源,制定项目职业健康安全管理目标; ②建立有管理层次的项目安全管理组织机构并明确职责;	**查资料**: 查施工组织设计	5	1. 未编制施工组织设计的,扣5分; 2. 施工组织设计中无安全技术措施的,扣3分; 3. 安全技术措施内容不全,操作性不强,扣1~5分		

续上表

评价类目	评价项目		释　　义	评价方法	标准分值	评价标准		得分
						扣分项	否决项	
6.3 安全技术管理 （80分）	6.3.1 施工组织设计 （10分）		③根据项目特点，进行职业健康安全方面的资源配置； ④建立具有针对性的安全生产管理制度和安全教育和培训制度； ⑤针对项目重要危险源，制定相应的安全技术措施；对达到一定规模的危险性较大的分部（分项）工程和特殊工种的作业应制定专项安全技术措施的编制计划； ⑥根据季节、气候的变化，制定相应的季节性安全施工措施； ⑦建立现场安全检查制度，并对安全事故报告和应急处理做出相应规定					

续上表

评价类目	评价项目		释义	评价方法	标准分值	评价标准		得分
						扣分项	否决项	
6.3 安全技术管理 (80分)	6.3.1 施工组织设计 (10分)	6.3.1.2　施工组织设计应经施工企业技术负责人审核、签认,审批手续齐全	《建设工程安全生产管理条例》规定:施工组织设计应经施工单位技术负责人、总监理工程师签字后实施。 施工单位技术负责人应当审查施工组织设计中的安全技术措施或者专项施工方案是否符合工程建设强制性标准	**查资料:** 查施工组织设计审批记录	5	1.施工组织设计未经企业技术负责人审核签认的,扣5分; 2.施工组织设计审批手续不完善,扣1~3分		

续上表

评价类目	评价项目		释　义	评价方法	标准分值	评价标准		得分
						扣分项	否决项	
6.3 安全技术管理 （80分）	6.3.2 专项施工方案 （19分）	6.3.2.1　项目经理部应按相关规定编制危险性较大的分部分项工程专项施工方案。方案中安全措施应操作性强，内容齐全	危险性较大分部分项工程，是指公路水运工程在施工过程中存在的、可能导致作业人员群死群伤或造成重大不良社会影响的分部分项工程。按照安全风险管理要求，风险评估等级高（Ⅲ级及以上）的分部分项工程属于危险性较大工程。 危险性较大的分部分项工程安全专项施工方案，是指施工单位在编制施工组织（总）设计的基础上，针对危险性较大的分部分项工程单独编制的安全技术措施文件。 按照《公路工程施工安全技术规范》（JTG F90—2015）附录A，危险性较大的分部分项工程分为八大类33项，包括：	**查资料：** 查危险性较大的分部分项工程台账及专项施工方案	5 ★★★	1. 项目经理部应建立危险性较大的分部分项工程台账； 2. 危险性较大的分部分项工程专项施工方案编制内容应符合要求； 3. 施工方案中安全措施应具有针对性和可操作性		

续上表

评价类目	评价项目		释义	评价方法	标准分值	评价标准		得分
						扣分项	否决项	
6.3 安全技术管理（80分）	6.3.2 专项施工方案（19分）		①基坑开挖、支护、降水工程； ②滑坡处理和填、挖方路基工程； ③基础工程； ④大型临时工程； ⑤桥涵工程； ⑥隧道工程； ⑦起重吊装工程； ⑧拆除、爆破工程。 水运工程参考《水运工程施工安全防护技术规范》及上述分类制定。 专项施工方案的编制内容执行《公路工程施工安全技术规范》（JTG F90—2015）附录B规定，包括工程概况、编制依据、施工计划、施工工艺技术、施工安全保证措施、劳动力计划、计算书及相关图纸等七部分内容					

续上表

<table>
<tr><th rowspan="2">评价类目</th><th colspan="2" rowspan="2">评价项目</th><th rowspan="2">释义</th><th rowspan="2">评价方法</th><th rowspan="2">标准分值</th><th colspan="2">评价标准</th><th rowspan="2">得分</th></tr>
<tr><th>扣分项</th><th>否决项</th></tr>
<tr><td>6.3
安全技术管理
(80分)</td><td>6.3.2
专项施工方案
(19分)</td><td>6.3.2.2 施工方案应按规定进行审批和论证。项目经理部不得擅自修改、调整专项施工方案,如因设计、结构、外部环境等因素发生变化确需修改的,修改后应按规定重新审核、批准、论证</td><td>专项施工方案应经施工单位技术、安全、质量等部门的专业技术人员审核,经审核合格后,由施工单位技术负责人签字。分包单位制定的专项施工方案应由总承包单位技术负责人审核签字。
专项施工方案应经施工单位审核合格后报监理单位,由项目总监理工程师审核签字后实施。
超过一定规模的危险性较大的分部分项工程专项施工方案,应由施工单位组织召开专家论证会。专家成员应由5名及以上符</td><td>查资料:
查方案及修改后方案审批、论证记录</td><td>10
★★★</td><td>1. 专项施工方案应按规定报批或评审;
2. 超过一定规模的危险性较大工程专项施工方案应按规定组织专家论证;
3. 现场应按照审批或论证后方案组织施工;
4. 方案修改后应重新进行审核、审批、论证</td><td></td><td></td></tr>
</table>

续上表

评价类目	评价项目		释义	评价方法	标准分值	评价标准		得分
						扣分项	否决项	
6.3 安全技术管理（80分）	6.3.2 专项施工方案（19分）		合相关专业要求的专家组成。专家论证报告作为专项施工方案修改完善的指导意见，施工单位应根据论证报告修改完善专项施工方案，并经施工单位技术负责人、项目总监理工程师、建设单位项目负责人签字后，方可组织实施。 专项施工方案经论证后需做重大修改的，施工单位应按照论证报告修改，并重新组织专家进行论证。 专项施工方案修改后应重新履行审核、批准、论证程序					

续上表

评价类目	评价项目		释义	评价方法	标准分值	评价标准		得分
						扣分项	否决项	
6.3 安全技术管理（80分）	6.3.2 专项施工方案（19分）	6.3.2.3 项目经理部应按规定编制临时用电组织设计或临时用电方案，审批手续应齐全	《施工现场临时用电安全技术规范》（JGJ 46—2005）规定：施工现场临时用电设备在5台以上或设备总容量在50kW以上者，应编制用电组织设计，少于上述规定的，制定安全用电和电气防火措施。 临时用电组织设计及变更时，必须履行“编制、审核、批准”程序，由电气工程技术人员组织编制，经相关部门审核及具有法人资格企业的技术负责人批准后实施	**查资料：** 1. 查临时用电组织设计或临时用电方案编制和审批情况； 2. 查临时用电组织设计变更手续	4	1. 未制定临时用电组织设计或临时用电方案的，扣2～4分； 2. 审批手续不规范，扣1～2分； 3. 变更审批手续不规范的，扣1～2分		

续上表

评价类目	评价项目		释义	评价方法	标准分值	评价标准		得分
						扣分项	否决项	
6.3 安全技术管理 (80分)	6.3.3 技术交底 (13分)	6.3.3.1 项目经理部应制定技术交底制度	按照《公路水运工程安全生产监督管理办法》的规定,技术交底是指分项工程实施前,由施工单位负责项目管理的技术人员按规定对有关安全施工的技术要求、操作规程和注意事项等,向负责施工作业的班组、作业人员进行详细说明和培训,并通过书面文件方式由双方签字予以确认。 施工单位应当建立健全安全生产技术分级交底制度,明确分级交底的原则、内容、方法及确认手续	**查资料:** 查制度文件	3	1.未建立技术交底制度,扣3分; 2.制度未以文件形式发布的,扣2分		

续上表

评价类目	评价项目		释义	评价方法	标准分值	评价标准		得分
						扣分项	否决项	
6.3 安全技术管理（80分）	6.3.3 技术交底（13分）	6.3.3.2　项目经理部逐级交底应记录清晰、签字齐全，内容应有针对性	《公路工程施工安全技术规范》（JTG F90—2015）规定：公路工程施工前应逐级进行技术交底，主要包括安全技术要求、风险状况、应急处置措施等内容。 逐级交底应由施工单位项目经理部技术负责人负责实施，横向涵盖项目经理部内各职能部门，纵向延伸到施工班组全体作业人员，任何人未经技术交底不准作业	**查资料：** 查交底记录	8 AR	技术交底资料不全，内容无针对性、未逐级交底、记录不真实、签字不齐全等，发现一处扣2分，扣完为止		
		6.3.3.3　项目经理部应建立交底台账	交底台账应明确分项工程、交底名称、交底时间、交底人、复核人、被交底人等信息	**查资料：** 查交底台账	2	1. 未建立交底台账扣2分； 2. 交底台账不完善或未及时更新的，扣1～2分		

续上表

评价类目	评价项目		释义	评价方法	标准分值	评价标准		得分
						扣分项	否决项	
6.3 安全技术管理（80分）	6.3.4 风险管控（22分）	6.3.4.1 项目经理部应开展风险的辨识与评价工作	风险辨识是指调查识别公路水运工程施工中潜在的风险类型、发生地点、时间及原因，并进行筛选、分类。 风险评价是指对辨识的公路水运工程施工风险进行等级评定、风险排序与风险决策。 根据《企业安全生产标准化基本规范》(GB/T 33000—2016)规定，安全风险辨识范围应覆盖本项目的所有活动及区域，并考虑正常、异常和紧急三种状态及过去、现在和将来三种时态。安全风险辨识应采用适宜的方法和程序，且与现场实际相符。	**查资料：** 1. 查安全生产风险的辨识与评价工作制度文件； 2. 查风险源辨识记录； 3. 查风险源辨识与评价表。 **查现场：** 根据现场情况进行核验	3 ★★★	1. 项目经理部应建立安全生产风险的辨识与评价工作制度； 2. 应开展风险辨识与评价工作，建立风险源清单和重大风险源清单； 3. 风险源识别应全面，风险评价应客观、正确，符合实际		

续上表

评价类目	评价项目		释义	评价方法	标准分值	评价标准		得分
						扣分项	否决项	
6.3 安全技术管理（80分）	6.3.4 风险管控（22分）		施工项目应选择合适的安全风险评估方法，定期对所辨识出的存在安全风险的作业活动、设备设施、物料等进行评估。安全风险评估至少应从影响人、财产和环境三个方面的可能性和严重程度进行分析。 施工项目应根据风险辨识与评价的结果，建立风险清单及重大风险清单					

续上表

评价类目	评价项目		释义	评价方法	标准分值	评价标准		得分
						扣分项	否决项	
6.3 安全技术管理 (80分)	6.3.4 风险管控 (22分)	6.3.4.2 项目经理部应根据评价结果制定分级风险管控措施	风险管控是通过采取各种措施和方法,消灭或减少风险事件发生的各种可能性,或者减少风险事件发生时造成的损失。 风险控制措施包括风险消除、风险降低、风险转移和风险保留四种方式。 施工项目应根据安全风险评估结果及施工生产经营情况等,确定相应的安全风险等级,对其进行分级分类管理,实施安全风险差异化动态管理,单独或在施工组织设计中制订并落实相应的安全风险控制措施	**查资料:** 1.查重大风险源清单; 2.查施工组织设计或单独编制的安全风险管控措施	5	1.未根据评价结果制定相应的风险分级管控措施的,扣5分; 2.风险源管控措施操作性不强,扣1~3分		

续上表

评价类目	评价项目		释　　义	评价方法	标准分值	评价标准		得分
						扣分项	否决项	
6.3 安全技术管理（80分）	6.3.4 风险管控（22分）	6.3.4.3　项目经理部对重大风险源应制定安全管理方案和应急预案，并应对作业人员进行书面告知	重大风险是指重大危险源及风险评价结果中的高度风险（Ⅲ级及以上）。施工项目对重大风险应制定安全管理方案，内容至少包括：风险名称、存在的地点、环节、时段，风险管控措施、责任部门及责任人、投入资金、应急措施等。 危险性较大的分部分项工程应按规定单独编制专项施工方案。 施工项目应将评价出的重大风险及所采取的控制措施告知相关从业人员，使其熟悉工作岗位和作业环境中存在的安全风险，掌握落实应采取的控制措施	**查资料：** 1. 查重大风险管理方案、专项方案； 2. 查针对重大风险源的应急预案； 3. 查对作业人员的重大风险告知书。 **查资料：** 查现场重大风险公告	7	1. 重大风险源未制定安全管理方案或应急预案，扣4分； 2. 方案中未明确责任人或预控措施针对性不强，发现一处扣1分； 3. 未对作业人员进行重大风险源书面告知或告知不全面，扣1～2分		

续上表

评价类目	评价项目		释义	评价方法	标准分值	评价标准		得分
						扣分项	否决项	
6.3 安全技术管理(80分)	6.3.4 风险管控(22分)	6.3.4.4 项目经理部应按规定开展桥隧施工和高边坡施工安全风险评估	施工安全风险评估,是指对工程施工过程中的各项作业活动、作业环境、施工设备(机具)、危险物品、施工方案中的潜在风险而开展的风险源辨识、分析、估测、预控等系列工作。 公路水运桥梁、隧道、路堑高边坡工程应按《关于开展公路桥梁和隧道工程施工安全风险评估试行工作的通知》和《关于发布高速公路路堑高边坡工程施工安全风险评估指南(试行)的通知》要求的范围和方法开展施工安全风险评估,编制评估报告,达到Ⅳ级风险的还需要组织专家论证,依据评估结论实施风险控制。	**查资料:** 查桥梁、隧道、路堑高边坡施工安全风险评估报告	4	1. 未按规定开展桥梁隧道施工和高边坡施工安全风险评估,扣2~4分; 2. 风险评估项目不全的,每缺一项扣1分; 3. 需专家论证的,未组织论证的或未采纳修改意见的,扣1~2分; 4. 未履行报审、报备程序的,扣1分		

续上表

评价类目	评价项目		释义	评价方法	标准分值	评价标准		得分
						扣分项	否决项	
6.3 安全技术管理 （80分）	6.3.4 风险管控 （22分）		施工安全风险评估应遵循动态管理的原则，当工程设计方案、施工方案、工程地质、水文地质、施工队伍等发生重大变化时，应重新进行风险评估					
		6.3.4.5 项目经理部应按规定开展地质灾害评估	地质灾害评估的基本目的是通过单项指标或综合指标定量化反映地质灾害的主要特点和破坏损失程度，为规划、部署和实施地质灾害防治工作提供依据。 施工项目应按照设计文件和现场调查识别并评估地质灾害，首先分析评价地质灾害活动的危险程度和地质灾害危险区受灾体的可能破坏程度，即地质灾害的危险性评价和灾害区的易损性评价，在此基础上进一步分析预测地质灾害的预期损失，即进行地质灾害的破坏损失评价	**查资料：** 查地质灾害评估报告	3	1.未按规定开展地质灾害评估，扣3分； 2.地质灾害评估项目不全的，每缺一项扣0.5分，最多扣2分		

续上表

评价类目	评价项目		释义	评价方法	标准分值	评价标准		得分
						扣分项	否决项	
6.3 安全技术管理 (80分)	6.3.5 应急预案及演练 (16分)	6.3.5.1 项目经理部应制定综合应急预案、专项应急预案及现场处置方案,并以文件形式发布	应急预案是针对可能发生的事故,为迅速、有序地开展应急行动而预先制定的行动方案。 施工项目应急预案分为综合应急预案、专项应急预案和现场处置方案,区别如下: ①综合应急预案是为应对各种生产安全事故而制定的综合性工作方案,是本项目应对生产安全事故的总体工作程序、措施和应急预案体系的总纲。 ②专项应急预案,是指施工项目为应对某一种或者多种类型生产安全事故,或者针对重要生产设施、重大危险源、重大活动防止生产安全事故而制定的专项性工作方案。	**查资料:** 1. 查项目综合(专项)应急预案、现场处置方案; 2. 查本项目应急预案评审纪要; 3. 查本项目应急预案发布文件及报备资料; 4. 查重点岗位、人员应急处置卡	5 ★★★	1. 项目经理部应制定综合应急预案,预案内容应符合要求; 2. 专项应急预案、现场处置方案应全面,重点岗位、人员应急处置卡信息应完整; 3. 应急预案应进行评审并留存记录; 4. 应急预案应经项目负责人签署发布并按要求备案		

续上表

评价类目	评价项目		释义	评价方法	标准分值	评价标准		得分
						扣分项	否决项	
6.3 安全技术管理 (80分)	6.3.5 应急预案及演练 (16分)		③现场处置方案,是指施工项目根据不同生产安全事故类型,针对具体场所、装置或者设施所制定的应急处置措施。 施工项目应当依据有关法律、法规和《生产经营单位安全生产事故应急预案编制导则》,结合本项目的危险源状况、危险性分析和可能发生的事故特点,制定相应的应急预案,组织进行评审,并形成书面评审纪要。 应急预案应由施工项目负责人签署公布,发放到施工项目各部门、岗位和相关应急救援队伍。应急预案应于公布20个工作日内向属地安全生产监督管理部门和有关部门进行告知性备案,同时向上级单位报备					

续上表

评价类目	评价项目		释义	评价方法	标准分值	评价标准		得分
						扣分项	否决项	
6.3 安全技术管理 (80分)	6.3.5 应急预案及演练 (16分)	6.3.5.2　项目经理部应定期开展应急预案的培训和演练,并及时进行评审和修订	应急预案培训的主要对象应包括具有应急相关工作职责的人员和与风险活动或场所相关的人员。培训目的是使有关人员了解应急预案内容,熟悉应急职责、应急处置程序和措施,提高从业人员的安全意识与应急处置技能。培训内容包括:应急预案、应急知识、自救互救和避险逃生技能。 应急演练按照演练内容分为综合演练和单项演练,按照演练形式分为现场演练和桌面演练,不同类型的演练可相互组合。	**查资料:** 1.查应急预案培训记录; 2.查应急预案演练记录、评估报告及修订记录。 **询问:** 1.抽查应急救援小组、队伍有关人员是否掌握岗位应急职责、应急处置程序和措施; 2.抽查作业人员是否掌握必备的应急知识、自救互救和避险逃生技能	8	1.未开展培训的扣5分;培训记录不全的,扣1~2分; 2.未按规定开展演练的扣3分,演练无方案扣1分,未对演练情况进行评估的扣1分,演练记录不全的,扣1~2分; 3.演练后未及时对应急预案进行评审、修订且无记录的,扣2分		

续上表

评价类目	评价项目		释义	评价方法	标准分值	评价标准		得分
						扣分项	否决项	
6.3 安全技术管理（80分）	6.3.5 应急预案及演练（16分）		施工项目应根据本项目的事故风险特点，每年至少组织一次综合应急预案演练或者专项应急预案演练，每半年至少组织一次现场处置方案演练。 应急预案演练结束后，应对演练效果进行评估，分析存在的问题，对演练的组织过程、应急反应能力、资源配备、后勤保障等方面进行分析，找出存在的问题，撰写应急预案演练评估报告，提出改进和加强应急管理工作的建议，并及时修订应急预案					

续上表

评价类目	评价项目		释义	评价方法	标准分值	评价标准		得分
						扣分项	否决项	
6.3 安全技术管理 (80分)	6.3.5 应急预案及演练 (16分)	6.3.5.3 项目经理部应建立专(兼)职的应急队伍,配备相应的应急物资	施工项目建立的专(兼)职应急救援队伍在事故发生时,能够在第一时间迅速、有效地投入救援与处置工作,防止事故进一步扩大,最大限度地减少人员伤亡和财产损失。 施工项目无法建立专(兼)职应急救援队伍的,应与邻近的专职应急救援队伍签订救援协议,确保事故状态下能够有专业救援队伍到场开展应急处置。 施工现场配备必要的应急救援装备、物资,是开展应急救援不可或缺的保障,既可以保障救援人员的人身安全,又可以保障救援工作的顺利进行。 应急救援装备、物资应在平时就予以储备,定期进行维护,确保处于合格或正常状态,确保事故发生时可立即投入使用	**查资料:** 1. 查专(兼)职的应急队伍人员名单; 2. 查应急物资台账。 **查现场:** 1. 查专(兼)职应急队伍建设情况、日常训练情况; 2. 查现场应急救援装备、物资储备及使用状态	3	1. 未建立专(兼)职的应急队伍或未与社会救援力量签订救援协议的,扣2分; 2. 未配备相应的应急物资扣1分,应急救援物资未定期检查、维护的扣0.5分; 3. 未组织应急队伍人员日常训练的扣1分,日常训练记录不完整,扣0.5分		

续上表

评价类目	评价项目	释义	评价方法	标准分值	评价标准		得分
					扣分项	否决项	
6.4 安全管理档案（5分）	6.4.1 应建立健全安全管理档案	项目经理部应建立健全安全管理档案，档案管理应与工程进展同步，并建立相应的安全管理档案目录。 项目安全管理档案应包括：安全生产管理制度档案、风险管控档案、施工组织设计及安全专项施工方案档案、安全操作规程及技术交底档案、安全专项活动档案、安全检查档案、安全教育与安全培训档案、安全奖罚档案、安全生产会议档案、特种作业人员管理档案、特种设备与设施管理档案、应急救援预案与演练档案、安全投入档案、安全生产事故报告及处理档案、安全防护设施及安全防护用品档案等。	**查资料：** 查安全管理档案目录及相应内容	3	1. 未建立安全管理档案目录的，扣1分； 2. 安全管理档案不齐全、不完善的，扣1～2分； 3. 档案未分类存放的，扣1分		

续上表

评价类目	评价项目	释义	评价方法	标准分值	评价标准		得分
					扣分项	否决项	
6.4 安全管理档案（5分）	6.4.1 应建立健全安全管理档案	项目经理部安全管理档案应严格管理，档案借阅、利用要进行登记，档案管理人员对档案的来龙去脉、运转流向应做到胸中有数					
	6.4.2 各类安全管理档案资料应完整、有效	对工程建设中形成的全部安全资料进行全面的检查、审核，发现问题，及时解决，补缺补漏，使安全资料做到真实、完备、及时	**查资料：** 查各类安全档案是否齐全、有效，交接手续齐全	2	形成的各类档案资料不完整、更新不及时扣1～2分		

续上表

评价类目	评价项目		释义	评价方法	标准分值	评价标准		得分
						扣分项	否决项	
6.5 安全专项活动（5分）	6.5.1 活动安排（4分）	6.5.1.1 项目经理部应根据相关规定制定安全专项活动方案	项目经理部应按照相关方要求，组织开展安全专项活动，制定活动方案，例如“安全生产月活动”“打非治违专项活动”等。活动方案应以正式文件形式发布，告知各部门及相关施工队伍。 安全专项活动方案，应包括指导思想、活动主题、组织机构、活动目标、时间节点与具体活动内容等	**查资料：** 查收发文台账、专项活动方案的相关文件	2	1. 未按要求开展安全专项活动的，发现一次扣1分，扣完为止； 2. 活动方案未以文件形式发布，扣0.5分； 3. 活动方案相关内容不完善，扣0.5分		
		6.5.1.2 安全专项活动应按照方案实施。实施前项目经理部应制定实施计划，结束后应进行总结	项目经理部应按照活动方案有计划地开展各项活动，并对活动的开展情况进行总结。专项活动计划应明确活动主题、时间、内容、要求等内容；总结应实事求是，科学公正	**查资料：** 查安全专项活动方案、安全专项活动计划及活动总结	2	1. 无活动计划，扣1分； 2. 无活动总结，扣1分		

续上表

评价类目	评价项目		释义	评价方法	标准分值	评价标准		得分
						扣分项	否决项	
6.5 安全专项活动 (5分)	6.5.2 考核评价 (1分)	项目经理部对各安全专项活动应有考核评价,资料应真实、准确	项目经理部要经常性地开展安全专项活动检查、评比、考核总结等活动。对各安全专项活动开展效果的评价应客观公正,对各组织活动方进行考核或打分评价要公开合理	**查资料:** 安全专项活动考核资料	1	1.未对安全专项活动进行考核评价的,扣0.5分; 2.考核评价资料失真、走过场扣0.5分		
6.6 施工现场布设 (90分)	6.6.1 施工驻地 (21分)	6.6.1.1 办公区、生活区、作业区应分开设置,选址应符合相关规定、布局合理,办公区和生活区应封闭管理	施工现场办公区、生活区与作业区具有不同的使用功能,存在的风险类型也各不相同,为避免互相产生影响,形成干扰,应合理分开设置,使有害作业与无害作业分开,工作场所与生活场所分开,工作场所不得住人。	**查资料:** 查临时设施建设方案、临时设施验收记录、危险源及环境因素辨识评价表。 **查现场:** 查看办公区、生活区、作业区设置及封闭管理情况	10 ★★	1.未编制临时设施建设方案,扣1~2分; 2.方案中无选址安全性评价内容,扣1分; 3.方案未经审批,扣1分; 4.场地使用前无验收记录的,扣1分;		

续上表

评价类目	评价项目		释义	评价方法	标准分值	评价标准		得分
						扣分项	否决项	
6.6 施工现场布设（90分）	6.6.1 施工驻地（21分）		《施工现场临时建筑物技术规程》(JGJ/T 188—2009)规定：临时建筑不应建造在易发生滑坡、坍塌、泥石流、山洪等危险地段和低洼积水区域，应避开水源保护区、水库泄洪区、濒险水库下游地段、强风口和危房影响范围，且应避免有害气体、强噪声等对临时建筑使用人员的影响。 施工现场临时设施选址、临时道路的设置应科学合理，必要时进行选址的安全风险评估，并应符合安全、消防、节能、环保等有关规定			5. 未将办公区、生活区、作业区分开设置的，扣1～3分； 6. 生产、生活区设置不合理，未按规定封闭设置的，扣2分		

续上表

<table>
<tr><th rowspan="2">评价类目</th><th colspan="2" rowspan="2">评价项目</th><th rowspan="2">释义</th><th rowspan="2">评价方法</th><th rowspan="2">标准分值</th><th colspan="2">评价标准</th><th rowspan="2">得分</th></tr>
<tr><th>扣分项</th><th>否决项</th></tr>
<tr><td>6.6
施工现场布设
(90分)</td><td>6.6.1
施工驻地
(21分)</td><td>6.6.1.2 办公区、生活区不得存放易燃易爆等危险品</td><td>《中华人民共和国消防法》规定:生产、储存、经营易燃易爆危险品的场所不得与居住场所设置在同一建筑物内,并应当与居住场所保持安全距离。
《危险化学品安全管理条例》规定:危险化学品应当储存在专用仓库、专用场地或者专用储存室内,并由专人负责管理。
危险化学品专用仓库应当符合国家标准、行业标准的要求,并设置明显的标志。储存剧毒化学品、易制爆危险化学品的专用仓库,应当按照国家有关规定设置相应的技术防范设施</td><td>查现场:
现场查验办公区、生活区布设情况,存放的危化品情况</td><td>3</td><td>1. 发现办公区、生活区内存放易燃易爆危险品,扣3分;
2. 生产、生活区与易燃易爆物品储存场所安全距离不满足要求,扣1~2分</td><td></td><td></td></tr>
</table>

续上表

评价类目	评价项目		释　　义	评价方法	标准分值	评价标准		得分
						扣分项	否决项	
6.6 施工现场布设 （90分）	6.6.1 施工驻地 （21分）	6.6.1.3　职工的膳食、饮水、休息场所、医疗救助设施等应当符合安全卫生标准	施工现场职工膳食、饮水、休息场所、医疗救助设施涉及食品安全、生活饮用水卫生、职业健康和应急救援，应符合《食品安全法实施条例》《生活饮用水卫生标准》《建设工程施工现场环境与卫生标准》（JGJ 146—2013）等对安全卫生的要求	**查资料：** 1. 查职工宿舍、办公区、食堂安全及卫生管理制度、食堂工作人员健康体检证明； 2. 查自取生活饮用水的检测报告。 **查现场：** 1. 查休息场所设置及基本设施配置； 2. 查医疗救助设施是否齐全有效，并能满足本项目需要	5	1. 未制定职工宿舍、办公区、食堂安全及卫生管理制度的，扣1分； 2. 食堂未办理卫生许可证，扣1分，工作人员未办理健康证明的，扣1分； 3. 未对自取饮用水进行检测，并留存检测报告的，扣1分； 4. 未设置休息场所和配置基本设施，扣0.5分； 5. 未配置医疗救助设施或设施不满足要求，扣0.5分		

续上表

评价类目	评价项目		释义	评价方法	标准分值	评价标准		得分
						扣分项	否决项	
6.6 施工现场布设（90分）	6.6.1 施工驻地（21分）	6.6.1.4 装配式房屋应有合格证书，其安全性应符合相关规定	《施工现场临时建筑物技术规程》（JGJ/T188—2009）规定：临时建筑结构设计应满足抗震、防风要求，并应进行地基和基础承载力计算；临时建筑的结构安全等级不应低于三级；临时结构的抗震设防类别应为丁类。 原材料、构配件和设备进场时，应提供相应的产品合格证、材质证明和检测报告；对于活动房，还应提供建筑、结构图纸和安全施工说明书及使用说明书。 施工现场使用的装配式房屋应使用具有相应资质的厂家生产的产品，有合格证书，并满足承载、抗震、防风、防火等安全使用的要求	**查资料：** 1. 查装配式房屋生产厂家资质证书、产品合格证、材质证明、检测报告、安全施工说明及使用说明书等材料； 2. 查装配式房屋的安全验收记录	3	1. 装配式房屋厂家资质证书、产品合格证、材质说明、检测报告、安全施工说明及使用说明书等材料不齐全的，每项扣1分，扣完为止； 2. 房屋使用前无验收记录的，扣1～2分		

续上表

评价类目	评价项目		释义	评价方法	标准分值	评价标准		得分
						扣分项	否决项	
6.6 施工现场布设（90分）	6.6.2 拌和站、预制场、钢筋加工场（30分）	6.6.2.1　钢筋加工场、预制场、拌和站等选址应符合安全、环保要求，区域划分应合理，标识明显；其安装、拆除应符合相关规定	钢筋加工场、预制场、拌和站等临时站、场选址应避开存在自然灾害、危险有害的环境或区域。 站、场设置应远离生活区、居民区、水源地等环境敏感区域，尽量设在环境敏感区域的下风向、下游区，施工污水、固体废弃物、废气、扬尘、噪音应达标排放，满足环保要求。 站、场的分区应根据工程内容、数量、现场条件、可调配的资源等客观情况，满足施工生产需要，各功能区的划分除满足工艺及施工组织的要求，应重点考虑作业间相互干扰、	**查资料：** 查钢筋加工场、预制场、拌和站建设方案、验收记录、危险源及环境因素辨识记录。 **查现场：** 现场查验钢筋加工场、预制场、拌和站选址及建设是否合理，并符合安全、环保要求	10	1. 未编制和审批场、站建设和拆除方案，扣1～2分； 2. 未按方案建设，扣1～3分； 3. 使用前未验收并形成记录，扣1～2分； 4. 站、场区域划分不合理，标识不明显，扣2分； 5. 场、站选址不符合职业卫生及环保要求的，每项扣3～5分		

续上表

<table>
<tr><th rowspan="2">评价类目</th><th colspan="2" rowspan="2">评价项目</th><th rowspan="2">释义</th><th rowspan="2">评价方法</th><th rowspan="2">标准分值</th><th colspan="2">评价标准</th><th rowspan="2">得分</th></tr>
<tr><th>扣分项</th><th>否决项</th></tr>
<tr><td rowspan="2">6.6
施工现场布设
(90分)</td><td rowspan="2">6.6.2
拌和站、预制场、钢筋加工场
(30分)</td><td></td><td>危险源分布、对环境的影响等因素,科学、合理设置。生活区应与其他区分离。
站、场内功能区、危险点应按《安全标志及其使用导则》要求进行风险公告及警示标识</td><td></td><td></td><td></td><td></td><td></td></tr>
<tr><td>6.6.2.2 拌和站、预制场和钢筋加工场地面应硬化,周边排水系统应完善</td><td>拌和站、预制场和钢筋加工场等临时设施建设应保证站、场内场地平整、排水畅通,减少场地积水对交通、结构物地基基础的影响,提供安全、整洁、文明的施工环境。
场地硬化的类型和标准应满足施工设计、招标文件、地方标准化建设及临时设施建设方案等的要求,科学、合理、经济</td><td>查资料:
查拌和站、预制场和钢筋加工场建设方案中关于场地硬化及排水系统的设计内容、验收记录。
查现场:
现场查验拌和站、预制场和钢筋加工场硬化、排水系统与方案是否一致</td><td>4
★</td><td>1. 场、站建设方案中未对场地硬化及排水设施的类型、质量标准提出要求的,扣2分;
2. 场地未硬化扣1分;
3. 排水系统不符合方案要求,扣1分</td><td></td><td></td></tr>
</table>

续上表

评价类目	评价项目		释义	评价方法	标准分值	评价标准		得分
						扣分项	否决项	
6.6 施工现场布设(90分)	6.6.2 拌和站、预制场、钢筋加工场(30分)	6.6.2.3 构件存放层数和间距应符合相关规定,并应采取有效的防倾覆措施	施工现场预制梁、板或混凝土构件堆放时,最多存放层数应符合设计文件和相关技术规范要求,设计或规范无规定时可通过对构件强度、台座地基承载力、支垫强度和叠放的稳定性进行验算。 《公路工程施工安全技术规范》(JTG F90—2015)规定:施工现场原材料、半成品、成品、预制构件等堆放应整齐、稳固、规范,标识清楚。模板堆放高度不宜超过2m。预制场大型构件不宜超过2层,小型构件不宜超过6层。构件叠放时应采取支撑、卡具等有效的防倾覆措施,支撑结构自身应稳固,确保叠放的构件安全稳定。T梁两侧应等间距、对称支撑,且不应少于3处	**查资料:** 查施工方案、技术交底中构件存放层数、间距、防倾覆措施等相关要求。 **查现场:** 现场查验构件存放及防倾覆措施情况	5	1. 施工方案、技术交底中未对构件存放层数、间距、防倾覆措施等提出明确要求的,扣1~3分; 2. 构件存放的层数/间距不符合规范要求,每处扣1~2分; 3. 无防倾覆措施,每处扣1~2分		

续上表

评价类目	评价项目		释义	评价方法	标准分值	评价标准		得分
						扣分项	否决项	
6.6 施工现场布设 (90分)	6.6.2 拌和站、预制场、钢筋加工场 (30分)	6.6.2.4 防雨棚应稳固	雨棚宜采用轻钢结构,采用具有相应资质的生产厂家的合格产品,并根据当地气候条件,采取抵抗风、雪、雨、雷电等自然灾害的措施。 防雨棚基础、立柱、桁架及顶棚安装应符合设计要求,同时应考虑极端不利条件影响,对结构局部在强度、刚度、稳定性方面进行加固	**查资料:** 查防雨棚材料合格证、设计文件、安装使用说明及验收记录。 **查现场:** 现场查验雨棚安装、稳固情况	3	1. 防雨棚无材料合格证、设计文件、安装使用说明等资料,扣1分; 2. 无验收记录,扣1分; 3. 现场查验防雨棚不稳固,或无加固措施扣1~2分		

续上表

评价类目	评价项目		释义	评价方法	标准分值	评价标准		得分
						扣分项	否决项	
6.6 施工现场布设（90分）	6.6.2 拌和站、预制场、钢筋加工场（30分）	6.6.2.5 张拉作业应有安全防护措施，设立警戒区	张拉作业前，预应力筋两端的正面应设置符合要求的防护挡板。在实施张拉或放张作业时，预应力筋两端的正面严禁站人和穿越，作业区域应按要求进行围挡，设置明显的安全警示标识，严禁非作业人员进入或穿越	**查资料：** 查施工方案、技术交底中关于张拉作业安全防护措施和警戒区域的要求。 **查现场：** 现场查验张拉作业安全防护情况	3	1. 施工方案、技术交底中未明确张拉作业安全防护措施和警戒区域相关要求的，扣1分； 2. 张拉作业现场无防护措施或未设警戒区域扣1～3分； 3. 张拉作业安全防护措施或警戒区域，设置不符合方案或交底要求的，扣1分		

续上表

评价类目	评价项目		释义	评价方法	标准分值	评价标准		得分
						扣分项	否决项	
6.6 施工现场布设（90分）	6.6.2 拌和站、预制场、钢筋加工场（30分）	6.6.2.6　施工现场搅拌设备检修、清理料仓时，应停机并切断电源，应设置明显标志并应有专人看守	搅拌设备在检修、清理料仓作业过程中易发生因安全确认不到位而进行的开机、通电等误操作，造成意外伤害。检修或清理前必须停机并切断设备电源，对故障机组号、作业内容、人员、时段等信息进行通告，在设备电闸、操作间等处设立明显标志，为确保作业安全，应安排专人看守。设备通电或开机前必须进行安全确认	**查资料：** 查管理制度、技术交底、设备操作规程中关于搅拌设备检修清理时的相关要求。 **查现场：** 查现场查验检修清理的工作单、警示标识设置情况	5 ★★★	1. 管理制度、技术交底、设备操作规程中应明确搅拌设备检修清理时的安全管理要求和注意事项； 2. 现场检修和清理作业时应切断电源，现场安排专人看守； 3. 检修和清理作业现场应设置警示提醒标识		

续上表

评价类目	评价项目		释义	评价方法	标准分值	评价标准		得分
						扣分项	否决项	
6.6 施工现场布设（90分）	6.6.3 临时用电（11分）	6.6.3.1　项目经理部应按照施工现场临时用电组织设计或方案进行布设和使用	临时用电必须编制施工组织设计或专项方案，布设完成后组织编制、审核、批准和使用单位的相关人员按照技术规范、组织设计或方案的要求进行验收，验收合格后方可投入使用。 施工过程中应定期对现场是否按照组织设计或方案使用进行检查。 临时用电使用中应定期检查，由考核合格、持证上岗的电工负责安装、巡检、维修或拆除临时用电设备和线路，建立工作记录	**查资料：** 1. 查临时用电组织设计或者临时用电方案； 2. 查临时用电验收记录； 3. 查临时用电使用中检查记录。 **查现场：** 查现场布设是否按组织设计或临时用电方案要求布设	6	1. 未编制临时用电组织设计或用电方案，扣2～4分； 2. 现场临时用电未按施工组织设计或者方案布设，每处扣2分； 3. 使用前未验收扣2分，验收记录不完善扣1～2分； 4. 无定期检查临时用电记录，扣1～2分		

续上表

评价类目	评价项目		释义	评价方法	标准分值	评价标准		得分
						扣分项	否决项	
6.6 施工现场布设（90分）	6.6.3 临时用电（11分）	6.6.3.2　变配电设备设施、电缆、照明灯具的安全性等应符合相关规定	变配电设备设施、电缆、照明灯具是施工现场临时用电和安全管理的重要内容，其设计、选型、配置、管理、使用、维护和检修必须满足《建设工程施工现场供用电安全规范》(GB 50194—2014)和《施工现场临时用电安全技术规范》(JGJ 46—2005)的规定	**查资料：** 1. 查临时用电组织设计或者用电方案； 2. 查设备设施、电缆、照明灯具等产品合格证，进场验收资料。 **查现场：** 查变配电设备设施、电缆、照明灯具等是否满足规范要求	5	1. 临时用电组织设计或方案未对变配电设备设施、电缆、照明灯具等提出明确的安全要求的，扣1分； 2. 变配电设备设施、电缆、照明线等无产品合格证的，扣1～3分； 3. 无验收记录的，扣1～2分		

续上表

评价类目	评价项目		释义	评价方法	标准分值	评价标准		得分
						扣分项	否决项	
6.6 施工现场布设 (90分)	6.6.4 消防安全 (13分)	6.6.4.1 办公区、生活区、作业区应设置消防安全设施总平面布置图	消防安全设施的类型、配置数量、分布情况是办公区、生活区、作业区消防安全布局和管理的重要内容,明确消防安全设施总平面布置图,对火灾风险源分布、火灾处置、消防应急和救援具有公示和指导作用。 消防安全设施总平面布置图应结合现场总平面布局绘制,应当明确火灾风险区域及消防安全责任人、消防设施分布及有效作用范围、消防车通道、疏散或应急逃生通道及出口。	**查资料:** 查看消防安全设施总平面布置图。 **查现场:** 查验各区域消防设施	2	1. 未设置消防安全设施总平面布置图的,扣2分; 2. 消防设施设置与消防安全设施总平面布置图不相符的,扣1分		

续上表

评价类目	评价项目		释义	评价方法	标准分值	评价标准		得分
						扣分项	否决项	
6.6 施工现场布设 (90分)	6.6.4 消防安全 (13分)		施工现场消防安全设施总平面布置图应包括下列内容: ①施工现场的出入口、围墙、围挡; ②场内临时道路; ③给水管网或管路和配电线路敷设或架设的走向、高度; ④施工现场办公用房、宿舍、发电机房、变配电房、可燃材料库房、易燃易爆危险品库房、可燃材料堆场及其加工场、固定动火作业场等; ⑤临时消防车道、消防救援场地和消防水源					

续上表

评价类目	评价项目		释义	评价方法	标准分值	评价标准		得分
						扣分项	否决项	
6.6 施工现场布设（90分）	6.6.4 消防安全（13分）	6.6.4.2　施工现场消防设施、消防通道布设应符合相关规定	施工现场消防设施的类型应与该场所可能发生的火灾类型相匹配，最低配置标准与最大保护距离、消防水池设置与用水量应满足技术规范要求。消防设施及器材应有专人管理，定期检查、维护，对失效设施和器材及时维修或更换。 施工现场消防通道与在建工程、临时用房、可燃材料堆场及其加工场的距离，不宜小于5m，且不宜大于40m；施工现场周边道路满足消防车通行及灭火救援要求时，施工现场内可不设置临时消防车通道	**查资料：** 1. 查消防安全设施总平面布置图中施工现场消防设施、消防通道布设情况； 2. 查消防设施、消防通道的台账及检查维修记录。 **查现场：** 现场查验消防设施、消防通道布设是否符合消防安全要求	8	1. 施工现场无消防设施、消防通道，扣8分； 2. 消防设施、消防通道不符合安全要求，扣1～4分； 3. 消防设施、消防通道的检查、维修记录不完善的，扣1～2分； 4. 未建立消防设施台账或台账不全的，扣1～2分		

续上表

评价类目	评价项目		释义	评价方法	标准分值	评价标准		得分
						扣分项	否决项	
6.6 施工现场布设 (90分)	6.6.4 消防安全 (13分)	6.6.4.3　消防区域应悬挂责任铭牌	施工现应实行消防安全责任制。施工项目应根据建设项目规模、现场消防安全管理的重点,在施工现场建立消防安全管理组织机构及义务消防组织,并应确定消防安全负责人和消防安全管理人员,同时应落实相关人员的消防安全管理责任。 施工现场应根据消防重点划分消防安全责任区域,各责任区应设置铭牌,明确责任人员、责任区范围、消防责任、监督及应急电话等内容,铭牌应设在醒目位置	**查资料:** 查消防区域划分情况、各区域消防责任人、消防安全管理人员责任书签订情况。 **查现场:** 现场查验消防区域责任铭牌悬挂情况	3	1. 未悬挂责任铭牌,扣1分; 2. 各区域无消防责任人,扣1分; 3. 责任人未签订责任书的,扣1分		

续上表

评价类目	评价项目		释义	评价方法	标准分值	评价标准		得分
						扣分项	否决项	
6.6 施工现场布设（90分）	6.6.5 施工便道便桥（15分）	6.6.5.1 便桥应进行专项设计和受力验算，应验收合格后方可使用	施工便桥应根据使用要求、现场地形、地貌、河床变化、水文条件及通航要求等进行设计，建成后应验收。有通航要求的便桥设计还应取得地方或上级有关部门的许可，充分考虑船舶防碰撞的措施。 便桥应执行“设计—审批—制作—安装—验收—投入使用”的程序，便桥设计可委托有相应资质的单位进行专项设计。施工完成后应按照设计和技术规范要求组织相关人员进行验收，验收合格方可投入使用。	**查资料：** 1.查便桥施工方案或设计书； 2.查验收记录； 3.查变形监测记录； 4.查检查记录及维护记录。 **查现场：** 便桥布设位置	10 ★★★	1.便桥应编制施工方案或设计书； 2.现场便桥应按方案或设计书搭设； 3.便桥应经验收合格后投入使用； 4.便桥使用期间应进行变形监测并做好记录； 5.应建立便桥检查记录及维护记录		

续上表

评价类目	评价项目		释　　义	评价方法	标准分值	评价标准		得分
						扣分项	否决项	
6.6 施工现场布设 (90分)	6.6.5 施工便道便桥 (15分)		便桥应设置变形监测点,定期观测墩台位移、沉降和梁跨变形等情况,超出安全预警范围时应当停止使用。便桥应定期进行安全检查,并对支座、联结件、支撑件、围栏等部位进行维护					
		6.6.5.2　便道危险路段、便桥位置应设置安全标志	便道危险路段、便桥设置安全标志的目的是对通行车辆和行人进行安全警示提醒。安全标志应设置在进入便道危险路段或便桥桥头的醒目位置,标识内容应清晰、规范且昼夜醒目。 施工便道在急弯、陡坡、连续转弯等危险路段应进行硬化,设置警示标志,并	**查资料:** 1.查便道危险路段、便桥的专项方案、技术交底; 2.查安全标志的检查、维修记录。 **查现场:** 查便道、便桥安全标志的设置位置	5	1.施工方案、技术交底未明确便道危险路段、便桥安全标志设置要求的,扣1~2分; 2.便桥未设限宽、限速、限载标志,扣2分; 3.便道危险路段未设置安全标志或不规范、不醒目,扣3分; 4.无安全标志的检查、维修记录,扣1分		

续上表

评价类目	评价项目		释　义	评价方法	标准分值	评价标准		得分
						扣分项	否决项	
6.6 施工现场布设 (90分)	6.6.5 施工便道便桥 (15分)		根据需要设置防护设施,危险路段应结合现场情况合理设置限速标志。 施工便桥应设置限宽、限速、限载标志。 施工便道与既有道路平面交叉处,应设置道口警示标志,有高度限制的应设置限高架。 便桥下部有交通或通航要求的应在通行孔位处设置醒目的限高标牌;便桥两侧护栏的适当位置应布置一定数量的照明灯具和设置醒目的警示反光标志;水上便桥护栏应每50m布置一个救生圈;通航施工区域应按照相关部门批复的要求设置防撞墩等措施					

续上表

评价类目	评价项目		释义	评价方法	标准分值	评价标准		得分
						扣分项	否决项	
6.7 安全防护 (90分)	6.7.1 防护栏杆、安全网及其他防打击、防坠落措施 (36分)	6.7.1.1 高处、临边、临水作业应设置作业平台、防护栏杆及安全网	高处作业是指在距坠落高度基准面2m或2m以上有可能坠落的高处进行的作业。高处作业高度分为2m至5m、5m以上至15m、15m以上至30m及30m以上四个区段。 对高处、临边作业,应根据情况设置防护栏杆、安全平网、安全防护棚、安全门及其他安全设施。 高处、临边、临水作业安全防护栏杆及安全网的设置应符合下列规定: ①防护栏杆应能承受1000N的可变荷载; ②防护栏杆下方有人员及车辆通行或作业的,应挂密目安全网密封,防护栏杆下部应设置高度不小于0.18m的挡脚板;	**查资料:** 1. 查施工方案、技术交底中关于高处、临边、临水作业位置防护栏杆及安全网的设置要求; 2. 查对防护栏杆、防护网的验收记录及安全检查记录。 **查现场:** 现场查验高处、临边、临水作业防护栏杆及安全网设置是否符合要求	18 AR	1. 施工方案、技术交底中未明确高处、临边、临水作业位置防护栏杆及安全网设置要求的,扣2~4分; 2. 未按要求设置防护栏杆、安全网或其他安全防护设施的,扣3~8分; 3. 无防护栏杆、防护网的验收记录,扣2~4分; 4. 无针对高处、临边、临水作业安全防护的检查记录,扣1~2分		

续上表

评价类目	评价项目		释义	评价方法	标准分值	评价标准		得分
						扣分项	否决项	
6.7 安全防护(90分)	6.7.1 防护栏杆、安全网及其他防打击、防坠落措施(36分)		③防护栏杆应由上、下两道横杆组成，上杆离地面高度应为1.2m，下杆离地面高度应为0.6m； ④横杆长度大于2m时，应加设栏杆柱； ⑤使用的钢管、扣件、安全网等，必须有国家生产许可证、产品合格证、产品检测报告等； ⑥防护栏杆立柱间距不得大于2m； ⑦使用的钢管应作防锈处理，并刷间距为300mm、红白相间的油漆； ⑧明显部位必须按规定设置安全警示标志牌； ⑨栏杆应在高处、临边、临水范围连续设置，不得有缺损					

续上表

评价类目	评价项目		释义	评价方法	标准分值	评价标准		得分
						扣分项	否决项	
6.7 安全防护(90分)	6.7.1 防护栏杆、安全网及其他防打击、防坠落措施(36分)	6.7.1.2 施工现场下方有人员通行或作业的，应设置挡脚板、防滑设施、安全网、安全通道等	凡人员进出的通道口，均应搭设安全防护棚。 由于上方施工可能坠落物件或处于起重机把杆回转范围之内的通道，在其受影响的范围内，必须搭设顶部能防止穿透的双层防护廊。 防护栏杆下方有人员及车辆通行或作业的，应挂密目安全网密封，防护栏杆下部应设置高度不小于0.18m的挡脚板。	**查资料：** 1.查施工方案、技术交底中关于下方有人员通行或作业的位置，挡脚板、防滑设施、安全网、安全通道等设置要求； 2.查对挡脚、防滑设施、安全网、安全通道的验收记录； 3.查对挡脚、防滑设施、安全网、安全通道的检查记录。	18 ★★	1.施工方案、技术交底未明确关于下方有人员通行或作业的位置，挡脚板、防滑设施、安全网、安全通道等设置要求的扣1~3分； 2.下方有人员通行或作业的位置，未设置挡脚板、防滑设施、安全网、安全通道等扣10~15，设置不规范扣5~10分； 3.无针对挡脚板、防滑设施、安全网、安全通道的验收记录不完善的，扣1~3分； 4.无检查记录的，扣1~2分		

续上表

评价类目	评价项目		释义	评价方法	标准分值	评价标准		得分
						扣分项	否决项	
6.7 安全防护（90分）	6.7.1 防护栏杆、安全网及其他防打击、防坠落措施（36分）		上下交叉作业、临近或跨越道路及航道施工，应在高处作业临边设置围挡，铺设防滑板，挂设安全网，防护栏杆下部设挡脚板，按坠落高度确定防护等级和防护半径，在可能坠落的范围内搭设安全防护棚或安全通道，防护等级及防护半径应符合《高处作业分级》（GB/T3608—2008）的规定	**查现场：** 现场查验下方有人员通行或作业的安全防护设置是否符合要求				

续上表

评价类目	评价项目		释义	评价方法	标准分值	评价标准		得分
						扣分项	否决项	
6.7 安全防护 (90分)	6.7.2 文明施工、安全警示标识、标牌 (24分)	6.7.2.1 施工现场明显位置应设置“五牌一图”	“五牌一图”是指在施工现场进口处设置的工程概况牌、管理人员名单及监督电话牌、消防保卫牌、安全生产牌、文明施工牌、施工现场总平面图。 施工现场应根据安全文明施工和形象展示需要，在驻地、加工场、拌和站、预制场等场所的明显位置设置“五牌一图”	**查现场：** 查施工现场“五牌一图”设置情况	6	1.在施工现场未设置“五牌一图”，扣3～6分； 2.“五牌一图”设置不规范或内容不正确，扣2～3分		

续上表

<table>
<tr><th rowspan="2">评价类目</th><th colspan="2" rowspan="2">评价项目</th><th rowspan="2">释义</th><th rowspan="2">评价方法</th><th rowspan="2">标准分值</th><th colspan="2">评价标准</th><th rowspan="2">得分</th></tr>
<tr><th>扣分项</th><th>否决项</th></tr>
<tr><td>6.7
安全防护
(90 分)</td><td>6.7.2
文明施工、安全警示标识、标牌
(24 分)</td><td>6.7.2.2 交通要道、重要作业场所,危险区域应设置安全警示标识、标牌</td><td>安全警示标志分为禁止标志、警告标志、指令标志和提示标志四大类型。现场应根据《安全标志及其使用导则》(GB2894—2008)的规定,按照危险源的类型、设置范围和地点等要求正确设置标识、标牌。
同时,应在现场醒目位置、重大危险源、存在严重职业病危害的场所、有重大事故隐患和较大危险的场所设置安全生产风险公告牌。
现场的交通要道、重要作业场所、危险区域包括:
①施工便道、交通道路出入口、陡坡、急弯等危险路段;
②加工场、拌和站、预制场;</td><td>查资料:
1. 查施工方案、技术交底中关于交通要道、重要作业场所、危险区域安全警示标识、标牌的设置要求;
2. 查对交通要道、重要作业场所、危险区域设置安全警示标识、标牌的验收记录;
3. 查对交通要道、重要作业场所、危险区域设置安全警示标识、标牌的检查及维修记录。
查现场:
现场查验交通要道、重要作业场所、危险区域安全警示标识、标牌的设置情况</td><td>12
AR</td><td>1. 施工方案、技术交底中未明确交通要道、重要作业场所的危险区域安全警示标识、标牌的设置要求的,扣 1 ~ 3 分;
2. 现场未按要求设置文明施工、安全警示标识、标牌的,每处扣 2 ~ 8 分;
3. 使用前对交通要道、重要作业场所的危险区域安全警示标识、标牌的验收记录不完善的,扣 1 ~ 2 分;
4. 无日常检查及维护记录的,扣 1 ~ 2 分</td><td></td><td></td></tr>
</table>

续上表

评价类目	评价项目		释义	评价方法	标准分值	评价标准		得分
						扣分项	否决项	
6.7 安全防护(90分)	6.7.2 文明施工、安全警示标识、标牌(24分)		③易燃、易爆、危险品仓库; ④隧道或辅助坑道入口; ⑤墩、柱、塔等结构物翻模、爬模、滑模施工、支架及悬臂浇筑现浇梁等施工区域; ⑥爆破、预应力、起重吊装、高边坡、深基坑施工区域; ⑦高处、临边、孔洞口、临水施工区域; ⑧支架、脚手架、便桥等临时设施; ⑨高压线、临时用电等电力电气设施; ⑩其他存在重大危险源的区域。 交通要道、重要作业场所、危险区域设置的安全警示标识、标牌应及时进行维护和更新					

续上表

评价类目	评价项目		释义	评价方法	标准分值	评价标准		得分
						扣分项	否决项	
6.7 安全防护 (90分)	6.7.2 文明施工、安全警示标识、标牌 (24分)	6.7.2.3 现场机械设备应按相关规定设置统一标识铭牌,张贴安全操作规程	铭牌是指装在机械、设备或仪器上面的金属标牌,包括购入时已有的铭牌和企业自行安装的铭牌。购入时已有的铭牌上一般标有设备名称、型号、性能、规格、出厂日期、出厂编号及制造者等信息。企业自行安装的铭牌根据管理需要设置。 拌和站、钢筋场、预制场及其他施工现场应将施工机械、工程车辆、起重设备、压力容器等机械设备进行编号管理,设置统一标识铭牌,内容应包括机械设备名称、编号、规格型号、安全参数(如最大载重量、最大起升高度、额定电压、额定工作压力、额定运行速度等)、操作人员、设备管理及检修责任人、进场日期、状态等。	**查资料:** 查现场机械设备标识铭牌、安全操作规程设置及张贴情况的检查记录。 **查现场:** 现场查验机械设备标识铭牌、安全操作规程设置或张贴情况	6	1. 现场未按要求设置统一标示铭牌,扣2~4分; 2. 未张贴操作规程的,扣1~2分; 3. 针对现场机械设备标识铭牌、安全操作规程设置或张贴情况,无检查记录的,扣1~2分		

续上表

评价类目	评价项目		释义	评价方法	标准分值	评价标准		得分
						扣分项	否决项	
6.7 安全防护(90分)	6.7.2 文明施工、安全警示标识、标牌(24分)		机械设备应明确安全操作规程,张贴在操作者的醒目位置。机械设备标识铭牌及安全操作规程牌应定期维护和更新					
	6.7.3 防雷设备(5分)	拌和、打桩和起重等高耸设备及其他电气设备应按规定设置防雷设施	施工现场拌和、打桩和起重等高耸设备及其他电气设备的防雷装置应按照《施工现场临时用电安全技术规范》(JGJ46—2005)规定,根据施工项目所在地区年平均雷暴日及设备设施高度确定	**查资料:** 1. 查施工方案、技术交底中关于拌和、打桩和起重等高耸设备及其他电气设备避雷设施的设置要求; 2. 查避雷设施验收及接地电阻测试记录; 3. 查针对避雷设施的检查记录。 **查现场:** 现场查验防雷设施设置情况	5	1. 施工方案、技术交底中未明确拌和、打桩和起重等高耸设备及其他电气设备避雷设施设置要求的,扣1~2分; 2. 现场未按要求设置避雷设备的,扣2~5分; 3. 避雷设施验收及接地电阻测试记录不完善的,扣1~2分; 4. 无针对避雷设施日常检查记录的,扣1~2分		

续上表

评价类目	评价项目		释义	评价方法	标准分值	评价标准		得分
						扣分项	否决项	
6.7 安全防护 (90分)	6.7.4 个体防护 (25分)	6.7.4.1 项目经理部使用的劳动防护用品应符合国家和行业的相关规定	劳动防护用品是指施工项目为从业人员配备的使其在劳动过程中免遭或者减轻事故伤害及职业危害的个人防护装备。 按照《个体防护装备选用规范》(GB/T11651—2008)规定,常用个人劳动防护用品共72个品类,包括头部防护装备、呼吸防护装备、眼面部防护装备、听力防护装备、手部防护装备、足部防护装备、躯体防护装备、坠落防护装备、劳动护肤用品、逃生防护装备等十个类别。 劳动防护用品应具有生产许可证、产品合格证、安全鉴定证和劳动防护安全标志	**查资料:** 查施工项目采购的劳动防护用品的产品合格证、安全标志、产品质量证明及检测试验资料。 **查现场:** 现场查验劳动防护用品是否属于合格产品	5	1. 劳动防护用品不能提供产品合格证、安全标志、产品质量证明及检测试验资料的,扣1~5分; 2. 劳动防护不符合相关国家和行业标准的,扣1~2分		

续上表

评价类目	评价项目		释义	评价方法	标准分值	评价标准		得分
						扣分项	否决项	
6.7 安全防护 (90分)	6.7.4 个体防护 (25分)	6.7.4.2 进入施工现场的从业人员应按规定配置和正确使用劳动防护用品	劳动作业过程中为防御物理、化学、生物等外界因素的伤害,应根据作业类别及主要危险特征为从业人员配备劳动防护用品。 公路水运施工现场常用劳动防护用品包括:安全帽、安全带、救生衣、防护服、防护鞋、防护手套、防护面具等,施工项目应按照《个体防护装备选用规范》(GB/T11651—2008),根据作业类别为从业人员配置可以或建议佩戴的个体防护装备。从业人员应根据劳动防护用品使用说明正确佩戴和使用。 施工项目应当按照劳动防护用品发放周期定期发放,对工作过程中损坏的应及时更换	**查资料:** 1.查劳动防护用品发放领用记录; 2.查针对从业人员劳动防护用品配置和使用的检查记录。 **查现场:** 现场查验从业人员劳动防护用品的配置和使用情况	20	1.未发放相应劳动防护用品的,扣10~20分; 2.无劳动防护用品发放领用记录的,扣3分; 3.未按照规定配置和使用个体防护用品,扣3~6分; 4.无针对从业人员劳动防护用品配置和使用的检查记录,扣1~2分		

续上表

评价类目	评价项目		释义	评价方法	标准分值	评价标准		得分
						扣分项	否决项	
6.8 施工作业（110分）	6.8.1 高处作业（13分）	6.8.1.1 高处作业应按相关规定设置人员上下专用通道	施工组织设计中应确定用于现场施工的登高和攀登设施。高处作业上下通道应根据现场情况选用钢斜梯、钢直梯、承插型施工安全爬梯等，各类梯子安装应牢固可靠。施工现场高处作业上下通道应按作业高度选择： ①5m以下的高处作业，可以采用带防护笼的直爬梯； ②5m以上的高处作业，应采用带有梯间平台的钢直梯、钢斜梯或采用人行塔梯，人行塔梯宜采用专业厂家定型产品；	**查资料：** 1. 查施工方案、技术交底中关于高处作业人员上下通道的型式、设置要求及安全注意事项等内容； 2. 查使用前的验收记录。 **查现场：** 现场查验高处作业人员上下专用通道设置情况	8 ★★★	1. 施工方案、技术交底中应明确高处作业人员上下通道的型式、设置要求及安全注意事项等要求； 2. 现场高处作业应按方案要求正确设置人员上下通道； 3. 通道使用前应经验收合格并留存记录，检查内容应完整		

续上表

评价类目	评价项目		释义	评价方法	标准分值	评价标准		得分
						扣分项	否决项	
6.8 施工作业 (110分)	6.8.1 高处作业 (13分)		③采用塔吊施工的可以利用塔吊的人员上下通道; ④40m以上的上部结构采用现浇、悬浇的桥梁,宜安装专供人员上下的施工升降机。 上下通道必须按规定设置安全防护设施和装置,安装完成后进行使用前安全检查和验收,验收合格方可使用。严禁使用施工起重机械吊运人员上下					

续上表

评价类目	评价项目		释义	评价方法	标准分值	评价标准		得分
						扣分项	否决项	
6.8 施工作业(110分)	6.8.1 高处作业(13分)	6.8.1.2 作业平台的设置应符合相关规定,脚手板应铺满且固定牢固	高处作业应设置操作平台,其净宽不低于80cm,操作平台四周必须按临边作业要求设置防护栏杆及安全警示,并应显著标明容许荷载值。 操作平台上的脚手板应符合施工方案设计要求,满铺平整,固定牢固,严禁出现探头板,边缘设不低于18cm的挡脚板。 操作平台安装完成后应进行使用前安全检查和验收,验收合格方可使用	**查资料:** 1. 查施工方案、技术交底中关于作业平台、脚手板的设置要求; 2. 查使用前的验收记录。 **查现场:** 现场查验作业平台的设置情况	5	1. 施工方案、技术交底中未明确作业平台、脚手板设置要求的,扣1~2分; 2. 使用前未验收或验收记录不完善的,扣1分; 3. 无针对作业平台、脚手板的检查记录的,扣1分; 4. 作业平台搭设不符合方案设计要求的,扣1分; 5. 脚手板安装不符合方案要求,扣1分		

续上表

评价类目	评价项目		释义	评价方法	标准分值	评价标准		得分
						扣分项	否决项	
6.8 施工作业 (110分)	6.8.2 支架 脚手架 (28分)	6.8.2.1 施工现场搭设和拆除支架脚手架应满足专项施工方案要求	搭设或拆除支架脚手架前应将专项施工方案向施工作业人员进行交底。施工现场搭设、拆除脚手架必须严格按方案和交底实施,并符合《公路工程施工安全技术规范》(JTG F90—2015)的规定。现场严禁擅自变更方案进行施工。 支架脚手架拆除前应制订安全措施,自上而下拆除,不得上下双层同时作业	**查资料:** 1. 查施工方案、技术交底中关于支架脚手架搭设和拆除的要求及安全注意事项等内容; 2. 查支架脚手架使用前的验收记录。 **查现场:** 现场查验支架脚手架搭设与拆除是否与方案相符	5 ★★★	1. 施工方案、技术交底中应明确脚手架搭设和拆除要求及安全注意事项等内容; 2. 现场应按方案搭设和拆除支架脚手架; 3. 支架脚手架使用前应经验收合格并留存验收记录,验收内容应完整		

续上表

评价类目	评价项目		释义	评价方法	标准分值	评价标准		得分
						扣分项	否决项	
6.8 施工作业（110分）	6.8.2 支架脚手架（28分）	6.8.2.2　支架和脚手架基础应满足承载力要求，周边应有防排水设施	由于满堂支架及基础承受的施工荷载较大，为检验支架搭设范围内基础的承载能力和沉降状况，确保支架预压时支架基础不失稳，防止支架基础沉降导致现浇混凝土结构开裂，应对支架基础进行加载预压。支架基础预压应符合《钢管满堂支架预压技术规程》（JGJ/T194—2009）的规定，满足架体及构造物荷载要求。 支架脚手架地基与基础应按施工方案要求进行处理，场地平整，排水畅通。遇洪水或大雨浸泡后，应重新检验脚手架基础。冻胀土基础应设防冻胀措施	**查资料：** 1.查施工方案中支架、脚手架地基承载力验算、地基基础处理及防排水的要求； 2.查支架和脚手架地基基础及防排水设施使用前的验收记录； 3.查满堂支架的地基基础使用前的预压记录； 4.查对支架地基基础进行沉降变形监测的记录。 **查现场：** 现场查验支架和脚手架基础处理情况及周边防排水设施	5 ★★	1.施工方案中未对支架、脚手架地基承载力进行验算的，扣1分； 2.施工方案及技术交底中无关于地基基础处理及防排水的要求的，扣1分； 3.支架和脚手架基础无防排水设施的，扣1分； 4.现场支架和脚手架基础处理情况不到位或周边防排水设施不良的，扣1分		

续上表

评价类目	评价项目		释义	评价方法	标准分值	评价标准		得分
						扣分项	否决项	
6.8 施工作业（110分）	6.8.2 支架脚手架（28分）	6.8.2.3 搭设支架和脚手架的材料应有出厂合格证明，并按规定进行抽检	支架、脚手架的钢管、扣件、冲压钢脚手板、可调托撑等材料应使用有生产资质的厂家的合格产品，具有产品质量合格证。 钢管锈蚀检查应每年一次。扣件在使用前应逐个挑选，有裂缝、变形、螺栓出现滑丝的严禁使用。新、旧扣件、钢脚手板均应进行防锈处理。严禁使用有裂缝的可调托撑及螺母。 搭设高度24m及以上的落地式钢管脚手架的钢管、扣件应进行抽样检测，符合《钢管脚手架扣件》（GB 15831—2006）、《碗扣式钢管脚手架构件》（GB 24911—2010）等规定。脚手架设计计算应以钢管抽样检测的壁厚及力学性能为依据	**查资料：** 1.查支架和脚手架材料的出厂合格证； 2.查支架和脚手架材料的抽样检验测试报告	5 ★	1.材料无出厂合格证的，扣2～5分； 2.未进行抽样检验或未留存检验测试报告的，扣2～3分		

续上表

评价类目	评价项目		释　义	评价方法	标准分值	评价标准		得分
						扣分项	否决项	
6.8 施工作业（110分）	6.8.2 支架 脚手架（28分）	6.8.2.4　承重支架搭设和拆除应制定专项施工方案，并按审批过的方案进行安装与拆除。承重支架搭设后应按规定组织验收，验收通过后应挂牌告知	承重支架属于《公路工程施工安全技术规范》（JTG F90—2015）附录A所列的危险性较大的大型临时工程，应按规定编制专项施工方案，并附具安全验算结果，或组织专家进行论证、审查。 支架在安装完成后应由施工、监理单位按照扣件式、门式、碗扣式、承插型盘扣式等类型的《钢管脚手架安全技术规范》（JGJ 130—2011、JGJ 128—2010、JGJ 166—2016、JGJ 231—2010）的规定进行检查验收，验收合格才可投入使用。 支架的验收状态应挂牌公告和标识，严禁使用未经验收的支架	**查资料：** 1. 查承重支架搭设专项施工方案； 2. 查预压记录、验收记录。 **查现场：** 现场查验承重支架验收告知情况	8 ★★★	1. 承重支架搭设与拆除应制定专项施工方案； 2. 现场支架搭设和拆除应按照方案施工； 3. 对承重支架和脚手架应组织验收，验收记录应齐全； 4. 现场应设置告知牌		

续上表

评价类目	评价项目		释义	评价方法	标准分值	评价标准		得分
						扣分项	否决项	
6.8 施工作业(110分)	6.8.2 支架脚手架(28分)	6.8.2.5 搭设高度大于10m的脚手架应设置缆风绳等防倾覆措施	脚手架搭设高度超过10m在施工荷载与风荷载共同作用下容易失稳,应根据现场情况设置连墙件或缆风绳等防倾覆措施。 连墙件或缆风绳应根据现场情况进行受力验算,地锚、连墙件及缆风绳设置应满足施工方案要求。 缆风绳与地面的夹角应在30°~45°。缆风绳不得与供电线路接触,在靠近电线附近,应装设由绝缘材料制作的护线架。施工期间应经常检查地锚有无出现松动。支架每使用一段时间后或大雨后,应对缆风绳、地锚等进行详细检查,发现有摆动、损坏等不正常情况时,应立即处理解决。缆风绳钢绳直径不宜小于6mm	**查资料:** 查施工方案、技术交底中关于脚手架防倾覆措施的设置要求。 **查现场:** 现场查验脚手架防倾覆措施的设置情况	5	1. 施工方案、技术交底中未明确高度大于10米的脚手架应设置缆风绳等防倾覆措施要求的,扣1~3分; 2. 高度大于10米的脚手架无缆风绳等防倾覆措施,扣5分; 3. 无针对缆风绳、地锚、连墙件等防倾覆措施的检查记录,扣1分		

续上表

评价类目	评价项目		释义	评价方法	标准分值	评价标准		得分
						扣分项	否决项	
6.8 施工作业（110分）	6.8.3 模板（18分）	6.8.3.1 大型模板搭设和拆除应有经过审批过的专项施工方案	按照《危险性较大的分部分项工程安全管理规定》的规定，施工单位应当在危大工程施工前组织工程技术人员编制专项施工方案。大型模板的定义见6.2.5.2款释义，其搭设和拆除施工具有较大的危险性，应当编制专项方案并经过审批后施工	**查资料：** 查大型模板搭设和拆除专项施工方案	5 ★★★	1. 大型模板搭设、拆除应制定专项施工方案； 2. 方案应经审批后实施		

续上表

<table>
<tr><th rowspan="2">评价类目</th><th colspan="2" rowspan="2">评价项目</th><th rowspan="2">释义</th><th rowspan="2">评价方法</th><th rowspan="2">标准分值</th><th colspan="2">评价标准</th><th rowspan="2">得分</th></tr>
<tr><th>扣分项</th><th>否决项</th></tr>
<tr><td rowspan="2">6.8
施工作业
(110分)</td><td rowspan="2">6.8.3
模板
(18分)</td><td>6.8.3.2　模板制作、存放、使用、安装、拆除应满足方案要求</td><td>模板工程专项施工方案中应对制作、存放、使用、拆除制订安全防护措施，安全防护措施不满足要求的模板严禁施工</td><td>查资料：
1. 查施工方案、技术交底中关于模板制作、存放、使用和拆除中等相关内容注意事项等内容；
2. 查针对模板的制作、存放、使用及拆除情况的检查记录。
查现场：
对照方案现场查验模板制作、存放、使用、拆除情况</td><td>5
★★</td><td>1. 施工方案、技术交底中未明确模板制作、存放、使用和拆除等相关内容及施工注意事项等内容的，扣1分；
2. 现场模板制作、存放、使用、拆除不符合方案要求的，扣1～3分；
3. 无针对模板的制作、存放、使用及拆除情况的检查记录，扣1分</td><td></td><td></td></tr>
<tr><td>6.8.3.3　大型模板使用前应组织验收</td><td>模板制作、试拼装或拼装完成后应由设计、施工、技术等相关人员根据设计及专项施工方案进行验收，验收合格后方可使用</td><td>查资料：
查大型模板验收记录</td><td>8
★★★</td><td>大型模板使用前应按规定程序组织验收，验收记录应完整</td><td></td><td></td></tr>
</table>

续上表

<table>
<tr><th rowspan="2">评价类目</th><th colspan="2" rowspan="2">评价项目</th><th rowspan="2">释　义</th><th rowspan="2">评价方法</th><th rowspan="2">标准分值</th><th colspan="2">评价标准</th><th rowspan="2">得分</th></tr>
<tr><th>扣分项</th><th>否决项</th></tr>
<tr><td>6.8
施工作业
（110分）</td><td>6.8.4
特种设备
（21分）</td><td>6.8.4.1　安全使用登记标志应悬挂于明显位置</td><td>特种设备安全使用登记标志是特种设备安全使用的身份标志，标志该设备的制造、安装、检验、注册、登记、使用均合法。悬挂安全使用登记标志的目的是对设备检验状态、运行情况进行公示和告知，接受相关部门和使用人员监督。
《中华人民共和国特种设备安全法》规定：施工项目使用的特种设备应在投入使用前或者投入使用后三十日内，向负责建设项目特种设备安全监督管理的部门办理使用登记，取得使用登记证书。登记标志应当置于该特种设备的显著位置。
特种设备使用期间必须按规定悬挂安全使用登记标志</td><td>查资料：
查特种设备安全使用登记证书有效性。
查现场：
现场查验特种设备安全使用登记证书悬挂情况</td><td>3
★★</td><td>1. 设备无安全使用登记标志的，扣3分；
2. 安全使用登记证铭牌未按要求悬挂，扣1分；
3. 特种设备安全使用登记证书到期前未按规定及时复审的或已失效的，扣1～2分</td><td></td><td></td></tr>
</table>

续上表

评价类目	评价项目		释义	评价方法	标准分值	评价标准		得分
						扣分项	否决项	
6.8 施工作业(110分)	6.8.4 特种设备(21分)	6.8.4.2 特种设备操作人员应持证上岗	特种设备操作人员类别应符合《特种设备作业人员监督管理办法》和《建筑施工特种作业人员管理规定》对作业种类的要求。 特种设备作业人员应经省级质量技术监督部门指定的特种设备作业人员考试机构考核合格,取得县以上质量技术监督部门颁发的《特种设备作业人员证》,方可在许可的项目范围内作业。《特种设备作业人员证》每4年复审一次。 建筑起重机械相关作业人员由省、自治区、直辖市人民政府建设主管部门考核合格颁发《建筑施工特种作业操作资格证》,证书在全国通用,有效期2年,到期复核合格后证书有效期延期2年	**查现场:** 现场查验特种设备操作人员是否持证上岗。 **查资料:** 查特种作业人员台账及证件的真实性、有效性	5 ★★★	1.特种作业人员应持有效证书,人证相符; 2.应建立特种作业人员台账,内容完善		

续上表

评价类目	评价项目		释义	评价方法	标准分值	评价标准		得分
						扣分项	否决项	
6.8 施工作业 (110分)	6.8.4 特种设备 (21分)	6.8.4.3 垂直升降设备不得超载运行,其基础承载力、临边防护、防排水等应符合相关规定,架体附着装置应牢固	垂直升降设备基础、架体附着装置、载重量及额定乘员应符合设计、使用说明书及施工方案的要求。 垂直升降设备的基础设置在下部悬空结构上时,应对基础支撑结构进行承载力验算。垂直升降设备安装前应按规定对基础进行验收,合格后方能安装。 垂直升降设备的附墙架形式、附着高度、垂直间距、附着点水平距离、附墙架与水平面之间的夹角、导轨架自由端高度和导轨架与主体结构间水平距离等均应符合使用说明书的要求。 垂直升降设备额定载重量、额定乘员数标牌应置于吊笼醒目位置。严禁在超过额定载重量或额定乘员数的情况下使用设备	**查资料:** 1. 查垂直升降设备的检验合格使用登记; 2. 查施工方案、技术交底中关于载重量、额定乘员、基础施工及架体附着装备的安全技术要求及注意事项等内容; 3. 查垂直升降设备使用的验收、检查、维修记录。 **查现场:** 1. 现场查验垂直设备悬挂额定载重量、额定乘员数标牌; 2. 现场查验垂直升降设备运行情况、基础处理及架体附着装置	6 AR	1. 施工方案、技术交底中未明确载重量、额定乘员、基础施工及架体未附着装备的安全技术要求及注意事项等内容的,扣1分; 2. 特种设备超载运行的,每台扣4分; 3. 垂直升降设备、基础承载力、临边防护、防排水不符合相关规定,每项扣1分; 4. 附着装置不稳定牢固,每台扣1分; 5. 无验收、检查、维修记录等的,扣1分; 6. 现场未悬挂额定载重量、额定乘员数标牌,每台扣0.5分		

续上表

评价类目	评价项目		释义	评价方法	标准分值	评价标准		得分
						扣分项	否决项	
6.8 施工作业 (110分)	6.8.4 特种设备 (21分)	6.8.4.4　塔吊基础和架体附着装置应牢固,轨道式起重机限位及保险装置应有效	塔式起重机基础应能承受工作状态和非工作状态下的最大载荷,并满足塔机抗倾翻稳定性的要求,附墙杆件与(建)构筑物之间的固定连接应牢固可行。 轨道起重机行走轨道端头应设置车挡及防撞缓冲装置,起重机行走前应检查行走限位器是否可靠有效。停止使用时,应使用夹轨器,临时停止时使用垫木或铁鞋固定	**查资料:** 1. 查施工方案、技术交底中应明确塔吊基础及架体附着装置、轨道式起重机限位及保险装置的设置要求及安全注意事项等内容; 2. 查起重机使用前的验收、检查、维修、记录。 **查现场:** 现场查验塔吊基础、架体附着装置、轨道式起重机限位、保险装置情况	7	1. 施工方案、技术交底中未明确塔吊基础及架体附着装置、轨道式起重机限位及保险装置的设置要求及安全注意事项等内容,扣1分; 2. 塔吊基础沉降变形,或基础积水,扣1~2分; 3. 塔吊附着装置设置与方案不符,不牢固扣2分; 4. 无验收、检查、维修记录等的,扣1分; 5. 使用过程中有安全隐患的,扣1分; 6. 轨道式起重机无有效限位及保险装置,电缆拖地行走,扣1~2分		

续上表

<table>
<tr><th rowspan="2">评价类目</th><th colspan="2" rowspan="2">评价项目</th><th rowspan="2">释义</th><th rowspan="2">评价方法</th><th rowspan="2">标准分值</th><th colspan="2">评价标准</th><th rowspan="2">得分</th></tr>
<tr><th>扣分项</th><th>否决项</th></tr>
<tr><td>6.8
施工作业
(110分)</td><td>6.8.5
基坑施工
(30分)</td><td>6.8.5.1 深基坑施工应编制专项施工方案,并应按审批过的方案开挖和支护</td><td>按照《公路工程施工安全技术规范》(JTG F90—2015)对危险性较大基坑开挖、支护、降水工程的要求,深基坑是指开挖深度不小于3m的基坑或深度小于3m,但地质条件和周边环境复杂的基坑。
施工项目应根据环境条件、地质条件、设计文件等基础性资料和相关工程建设标准,结合自身施工经验,针对各级风险工程编制施工安全专项方案,经施工单位技术负责人签认后,报监理审查。
深基坑的支护措施应根据水文、地质、开挖方式及施工环境条件等因素确定。深基坑施工安全风险较大,开挖和支护施工应严格按专项施工方案进行</td><td>查资料:
1. 查深基坑专项施工方案、审批及专家论证记录;
2. 查基坑开挖、支护过程的验收检查记录。
查现场:
现场查验深基坑开挖和支护是否按方案执行</td><td>5
★★★</td><td>1. 深基坑施工应编制专项施工方案,审批程序符合要求,需经专家论证的相关记录齐全;
2. 方案变更后应按规定重新论证或审批;
3. 开挖和支护施工应与方案相符,基坑开挖、支护过程应留存检查、验收记录</td><td></td><td></td></tr>
</table>

续上表

评价类目	评价项目		释义	评价方法	标准分值	评价标准		得分
						扣分项	否决项	
6.8 施工作业 (110分)	6.8.5 基坑施工 (30分)	6.8.5.2 基坑周围的机械设备和堆存的物料等距基坑边缘的距离应满足边坡稳定或设计的相关规定	基坑周边1m范围内不得堆载、停放设备。顶面有动载的基坑,其边沿与动载之间应留有不小于1m宽的护道,动荷载较大时宜适当加宽护道;水文和地质条件较差时,应采取加固措施。 基坑施工期间,基坑周围的机械设备和堆存的物料对基坑边坡的稳定以及机械设备、堆存的物料和人员作业的安全会造成影响,这些施工荷载距基坑边缘的距离应满足设计和技术规范要求	**查资料:** 查施工方案、技术交底中关于基坑周围机械设备和堆存物料的安全距离及注意事项等内容。 **查现场:** 现场查验基坑周围机械设备和堆放物料的安全距离	5	1. 施工方案、技术交底中未明确基坑周围机械设备和堆存物料的安全距离及注意事项等内容的,扣1分; 2. 基坑周围的机械设备和堆存的物料等距基坑边缘的距离不满足边坡稳定或方案设计的要求,扣1~3分; 3. 无针对基坑周围机械设备和堆存物料的安全检查记录,扣1分		

续上表

评价类目	评价项目		释义	评价方法	标准分值	评价标准		得分
						扣分项	否决项	
6.8 施工作业（110分）	6.8.5 基坑施工（30分）	6.8.5.3　基坑内上下交叉作业应采取安全防护措施，上下基坑应设安全通道	基坑周边必须采取安全防护措施，深度超过2m的基坑施工必须设有临边防护栏杆，设置人员上下基坑专用的安全通道。 基坑工程应在四周设置高度大于0.15m的防水围挡，并应设置防护栏杆，防护栏杆埋深不应小于0.60m，高度宜为1.00～1.20m，栏杆柱距不得大于2.0m，距离坑边水平距离不得小于1m，并挂密目式安全网，靠近道路侧应设置安全警示标志和夜间警示灯带。	**查资料：** 查施工方案、技术交底中关于基坑上下交叉作业及安全通道的设置要求和安全注意事项等内容。 **查现场：** 现场查验基坑上下交叉作业安全防护措施及安全通道	5 ★★★	1.施工方案、技术交底中应明确基坑上下交叉作业安全通道的设置要求和安全注意事项等内容； 2.基坑内上下交叉作业安全防护措施应按方案实施； 3.基坑安全防护措施及上下基坑安全通道的检查、验收记录应齐全		

续上表

评价类目	评价项目		释义	评价方法	标准分值	评价标准		得分
						扣分项	否决项	
6.8 施工作业 (110分)	6.8.5 基坑施工 (30分)		基坑四周每一边,应设置不少于2个人员上下坡道或爬梯,不得在坑壁上掏坑攀登上下。 采用围堰施工时可在围堰侧壁上设置固定式爬梯,必要时对上下通道的安全性进行验证					
		6.8.5.4 降排水系统应合理可靠	基坑顶面应设置截排水沟,或四周设置高度大于0.15m的防水埝。多年冻土地基上开挖基坑,坑顶截水沟距基坑上边缘不得小于10m,排出水的位置应远离基坑。排水作业不得影响基坑安全,排水困难时,应采用水下挖基方法,并应保持基坑中原有水位。	**查资料:** 1. 查基坑专项施工方案中的降排水设计,明确降排水方式、相关要求和注意事项等内容; 2. 查针对基坑降排水系统的安全检查记录。 **查现场:** 现场查验基坑降排水系统是否按方案施工	5	1. 基坑专项施工方案中无降排水设计或未明确降排水方式、相关要求和注意事项等内容的,扣2分; 2. 现场基坑降排水系统未设置或设置不符合相关规定,扣2~5分; 3. 无针对基坑降排水系统的安全检查记录,扣1分		

续上表

评价类目	评价项目		释　　义	评价方法	标准分值	评价标准		得分
						扣分项	否决项	
6.8 施工作业（110分）	6.8.5 基坑施工（30分）		排水沟和集水坑宜布置于地下结构外边距坡脚不小于0.5m。排水沟深度和宽度应根据基坑排水量确定，沟底宽不宜小于0.3m，坡度不宜小于0.1%；集水坑大小和数量应根据地下水量大小和积水面积确定，且直径（或宽度）不宜小于0.6m，其底面比排水沟沟底深不宜小于0.5m，间距不宜大于30m					

续上表

评价类目	评价项目		释义	评价方法	标准分值	评价标准		得分
						扣分项	否决项	
6.8 施工作业(110分)	6.8.5 基坑施工(30分)	6.8.5.5 深基坑边坡、支护结构、临时围堰等应进行沉降和位移监测	对深基坑边坡、支护结构、临时围堰等进行沉降和位移监测是保障施工安全的重要手段,现场必须按照技术规范的规定,确定监测项目和控制指标,编制基坑安全监测方案,经评估和审批后实施。 深基坑开挖过程中应监测边坡的稳定性、支护结构的位移和应力、围堰及邻近建(构)筑物的沉降和位移、地下水位变化、基底隆起等项目。 基坑工程施工过程中应建立沉降和位移监测预警机制,当安全监测结果达到报警值后,应启动应急预案,组织专家会同基坑设计、监测、监理等单位,进行专门论证,查明原因后恢复施工	**查资料:** 1. 查深基坑边坡、支护结构、临时围堰等沉降和位移监测方案; 2. 查深基坑边坡、支护结构、临时围堰等的沉降和位移情况的监测记录	5 ★★★	1. 项目经理部应编制深基坑边坡、支护结构、临时围堰等沉降和位移监测方案,方案应经审批和专家论证; 2. 现场应进行沉降和位移监测,监测记录齐全完整,监测结果应及时向现场管理人员报送		

续上表

评价类目	评价项目		释义	评价方法	标准分值	评价标准		得分
						扣分项	否决项	
6.8 施工作业（110分）	6.8.5 基坑施工（30分）	6.8.5.6 堆载安全间距及安全防护应符合设计或相关技术规程的规定	支护结构施工与基坑开挖期间，支护结构达到设计强度要求前，严禁在设计预计的滑裂面范围内堆载；临时土石方的堆放应进行包括自身稳定性、邻近建筑物地基和基坑稳定性验算。 基坑周边1.2m范围内不得堆载，3m以内限制堆载，坑边严禁重型车辆通行。当支护设计中已考虑堆载和车辆运行时，必须按设计要求进行，严禁超载。 基坑堆载的安全距离受施工环境、水文、地质条件、开挖深度、开挖及支护方式、机械设备或堆载重量等因素影响，应通过计算确定或满足设计及技术规范要求	**查资料：** 1. 查基坑开挖及支护专项施工方案中关于支护及坑壁稳定性检算的资料； 2. 查施工方案、技术交底中基坑周边堆载的安全距离、堆载及安全防护要求和注意事项等内容； 3. 查针对基坑周边堆载及坑壁稳定性的安全检查记录。 **查资料：** 现场查验基坑堆载安全间距及安全防护设施	5	1. 施工方案、技术交底中未明确基坑周边堆载的安全距离、堆载及安全防护要求和注意事项等内容的，扣2分； 2. 无针对基坑周边堆载及坑壁稳定性的安全检查记录的，扣1分； 3. 堆载安全间距及安全防护不满足设计或相关技术规程要求，扣1~3分		

续上表

评价类目	评价项目		释义	评价方法	标准分值	评价标准		得分
						扣分项	否决项	
6.9 桥梁工程 (100分)	6.9.1 基础施工 (20分)	6.9.1.1 基础施工应按照审批过的方案实施	扩大基础、挖孔桩和钻孔桩应按审批过的方案实施,不得随意变更。如根据现场情况确需要变更的需重新审批或组织专家进行论证。 桩基孔口安全防护应符合以下要求: ①挖孔桩施工时,桩位处应设立警示标识、工程标示牌等,孔口应设置锁口,锁口高度应高于地表300mm以上,孔口周边1.0m范围内进行环形硬化。孔口四周必须搭设防护围栏,停止作业时,应派人值班,孔口加盖,夜间加强照明;	**查资料:** 1.查看方案及审批、论证或变更手续; 2.查对基础施工的过程检查记录。 **查现场:** 现场查验审批过的方案实施情况	5 ★★★	1.基础施工方案应经过审批、论证; 2.现场施工应按照方案实施并留存施工过程检查记录		

续上表

评价类目	评价项目		释义	评价方法	标准分值	评价标准		得分
						扣分项	否决项	
6.9 桥梁工程(100分)	6.9.1 基础施工(20分)		②桩孔内应有足够照明、通风、排气设施,同时备有逃生安全爬梯; ③钻孔灌注桩施工时,桩机作业区域应平整,必须采取安全防护措施,在醒目位置设立警示标识、工程标示牌等。 深基坑安全防护应符合以下要求: ①深度超过2m的基坑施工,必须设有临边防护栏杆,基坑防护栏距坑边距离应大于0.5m; ②基坑深度超过5m的,必须有专项支护设计,支护设计方案必须经专家论证审查合格后采用;					

续上表

<table>
<tr><th rowspan="2">评价类目</th><th colspan="2" rowspan="2">评价项目</th><th rowspan="2">释义</th><th rowspan="2">评价方法</th><th rowspan="2">标准分值</th><th colspan="2">评价标准</th><th rowspan="2">得分</th></tr>
<tr><th>扣分项</th><th>否决项</th></tr>
<tr><td rowspan="2">6.9
桥梁工程
(100分)</td><td rowspan="2">6.9.1
基础施工
(20分)</td><td></td><td>③基坑施工应设置有效排水设施,并满足施工、防汛要求;
④深基础施工采用坑外降水的,应有防止临近建筑危险沉降的有效措施;
⑤坑(槽)沟边1m以内不得堆土、堆料,不得停放机械;
⑥基坑内必须设置专用人员上下通道</td><td></td><td></td><td></td><td></td><td></td></tr>
<tr><td>6.9.1.2　作业区域应设置警戒设施及警示灯</td><td>警戒设施的目的在于提醒作业人员所处作业区域存在危险,隔离或提醒作业人员远离危险区域。警戒设施和警示灯均应保持昼夜醒目</td><td>查现场:
现场查验是否按规定设置警戒设施或警示灯</td><td>7</td><td>1.现场未设警戒设施及警示灯的,扣3~7分;
2.未设置或设置不规范、不全,每处扣1分,扣完为止</td><td></td><td></td></tr>
</table>

续上表

评价类目	评价项目		释义	评价方法	标准分值	评价标准		得分
						扣分项	否决项	
6.9 桥梁工程（100分）	6.9.1 基础施工（20分）	6.9.1.3 泥浆池应设置围护设施及安全警示标识	泥浆池安全防护应符合以下要求： ①钻孔泥浆池四周应设有明显的警示标识和防护围栏，并挂设安全网。对位于岸上的泥浆池，在桩基施工完成后，应及时做回填处理； ②对于已埋设护筒未开钻或已成桩护筒尚未拔除的，应加设护筒顶盖或铺设安全网遮罩； ③对夜间无照明设施的孔口及泥浆池，应在防护栏四周设置警示灯； ④钻孔中使用泥浆时，应设置泥浆循环净化系统。 围护设施应满足相应的防冲撞能力，安全警示标识均应确保昼夜醒目	**查现场：** 现场查验泥浆池周边围护设施及安全警示标识设置情况	8	1.未设置围护设施或警示标识，扣8分； 2.围护设施或警示标识不符合要求，每处扣1分，扣完为止		

续上表

评价类目	评价项目		释义	评价方法	标准分值	评价标准		得分
						扣分项	否决项	
6.9 桥梁工程 (100分)	6.9.2 墩台 (30分)	6.9.2.1 高墩台施工应按审批过的专项施工方案实施	高墩台施工应按审批过的方案实施,不得随意变更。如根据现场情况确需要变更的需重新审批和组织专家进行论证。 方案中应明确爬梯(电梯)、操作平台等安全防护设施的规格、设置形式及位置,并经受力检算合格,满足相关要求	**查资料:** 1. 查专项方案及审批、论证或变更手续; 2. 查墩台施工过程记录。 **查现场:** 现场查验审批过的方案实施情况	5 ★★★	1. 高墩台施工专项方案应经过审批、论证; 2. 现场应按照方案实施并留存施工过程检查记录		

续上表

评价类目	评价项目		释义	评价方法	标准分值	评价标准		得分
						扣分项	否决项	
6.9 桥梁工程(100分)	6.9.2 墩台(30分)	6.9.2.2 墩台施工应搭设脚手架及安全作业平台,搭设及拆除时周边应设立警戒线	现浇墩、台身、盖梁施工应符合《公路工程施工安全技术规范》(JTG F90—2015)的有关规定,脚手架及作业平台搭设牢固,不得与模板及其支撑体系联结。高处作业符合《建筑施工高处作业安全技术规范》(JGJ 80—2016)的有关规定,高处作业下方警戒区设置应符合《高处作业分级》(GB/T 3608—2008)的有关规定。 脚手架的强度、刚度和稳定性应能承受施工期间可能产生的各项荷载。搭设高度24m及以上的落地式钢管脚手架的钢管、扣件应进行抽样检测,脚	**查资料:** 1. 查施工方案、技术交底中关于墩台施工搭设的脚手架及作业平台的作业安全要求; 2. 查脚手架及作业平台的验收记录及使用过程检查记录。 **查现场:** 1. 现场查验脚手架及作业平台搭设情况; 2. 现场查验脚手架及作业平台拆除时警戒线设立情况	5	1. 墩台施工方案、交底中未明确脚手架、作业平台搭设、拆除相关内容的,扣1~3分; 2. 脚手架及安全作业平台未搭设,扣5分; 3. 搭设与方案或交底不符,扣1~3分; 4. 无验收记录及过程检查记录的,扣1~2分; 5. 搭设及拆除时周边未设置警戒线,扣1~2分		

续上表

评价类目	评价项目		释义	评价方法	标准分值	评价标准		得分
						扣分项	否决项	
6.9 桥梁工程（100分）	6.9.2 墩台（30分）		手架设计计算应以钢管抽样检测的壁厚及力学性能为依据。不宜使用竹、木质脚手架。搭设场地应平整无杂物，并应设防、排水设施，遇洪水或大雨浸泡后，应重新检验脚手架基础，冻胀土基础应设防冻胀措施。 脚手架地基与基础应根据所受荷载、搭设高度、搭设场地等情况进行设计及验算。碗扣式、扣件式及门式脚手架搭设应分别符合现行《建筑施工碗扣式钢管脚手架安全技术规范》（JGJ 166—2016）、《建筑施工扣件式钢管脚手架安全技术规范》（JGJ 130—2011）及《建筑施工					

续上表

评价类目	评价项目		释义	评价方法	标准分值	评价标准		得分
						扣分项	否决项	
6.9 桥梁工程(100分)	6.9.2 墩台(30分)		门式钢管脚手架安全技术规范》(JGJ 128—2010)的相关规定。 脚手架作业层、斜道的栏杆和脚手板的搭设符合《公路工程施工安全技术规范》(JTG F90—2015)规定:防护栏杆应能承受1000N的可变荷载;防护栏杆下方有人员及车辆通行或作业的,应挂密目网封闭,防护栏杆下部应设置高度不小于0.18m的挡脚板;防护栏杆应由上、下两道横杆组成,上杆离地高度为1.2m,下杆离地高度应为0.6m;横杆长度大于2m时,应加设栏杆柱。脚手架的脚手板应满					

续上表

评价类目	评价项目		释义	评价方法	标准分值	评价标准		得分
						扣分项	否决项	
6.9 桥梁工程（100 分）	6.9.2 墩台（30 分）		铺、固定，离结构物立面的距离不得大于 0.15m，严禁出现探头板。 脚手架的拆除必须严格执行专项施工方案，拆除作业必须由上而下逐层进行，严禁上下层同时作业，连墙件必须随脚手架这层拆除，严禁提前拆除。 架子工应按照有关规定经专业机构培训，并应取得相应的从业资格。作业时应戴安全帽、穿防滑鞋、系安全带。 脚手架及安全作业平台搭设、拆除时应安排专人值守，周边应设立警戒线					

续上表

评价类目	评价项目		释义	评价方法	标准分值	评价标准		得分
						扣分项	否决项	
6.9 桥梁工程(100分)	6.9.2 墩台(30分)	6.9.2.3 墩台作业应设置人员上下专用通道并满足使用安全。不得使用塔吊、汽车吊载人上下	高处作业上下通道应根据现场情况选用钢斜梯、钢直梯、人行塔梯,各类梯子安装应牢固可靠。具体要求详见《公路工程施工安全技术规范》(JTG F90—2015)相关要求。 根据工程实际,5m以下的高空作业,可采用带防护笼的直爬梯;5~40m的高处作业时,应设置“之”字形人行斜梯。 严禁使用各种起重机械吊人。 作业通道应经过专门设计和检算,并有相应的防倾覆措施	**查资料:** 1.查看施工方案、技术交底中关于墩台作业人员上下专用通道的设置要求和注意事项; 2.查人员上下通道验收记录及使用过程检查记录。 **查现场:** 现场查验专用通道设置情况、有无违规使用塔吊、汽车吊载人情况	5 ★★★	1.现场应按专项施工方案设置人员上下专用通道; 2.通道安全防护措施应符合要求; 3.现场不得使用塔吊、汽车吊载人上下		

续上表

评价类目	评价项目		释义	评价方法	标准分值	评价标准		得分
						扣分项	否决项	
6.9 桥梁工程 (100分)	6.9.2 墩台 (30分)	6.9.2.4 墩身或塔身高度超过40m的桥梁应安装附着式电梯，出入口应设置防护设施	墩身、采用现浇或悬浇的桥梁上部构造高度超过40m的宜安装附着式施工电梯。各种升降电梯、吊笼等升降设备，必须有可靠的安全装置。电梯司机应按照有关规定经过专门培训，并取得相应资格证书。 施工电梯的作业人员通道处于坠落半径内或处于起重机起重臂回转范围内时，应设置防护棚及出入口防护通道。防护棚的长度应大于墩台高处自由坠落的防护半径	**查资料：** 1. 查电梯安装拆除专项方案、技术交底； 2. 查电梯检验合格证、使用登记证、操作人员证书。 **查现场：** 现场查验是否按规定安装附着式电梯及电梯出入口设置防护设施情况	5	1. 超过40米的墩身未安装附着式电梯，扣5分； 2. 出入口未设置防护设施或防护设施不符合安全要求，扣3分		

续上表

评价类目	评价项目		释义	评价方法	标准分值	评价标准		得分
						扣分项	否决项	
6.9 桥梁工程（100分）	6.9.2 墩台（30分）	6.9.2.5 模板支撑系统的强度、刚度、稳定性应符合相关规定，支撑材料进场验收数据应真实、记录齐全	模扳及配件进场应有出厂合格证或当年的检验报告，安装前应对立柱、扣件、楞、梁、吊环等材质进行检查，不符合要求不得使用。 模板支撑系统应附有受力计算书、主要节点构造详图等。安装完毕后，应组织进行检查验收。 支架、模板的强度、刚度、稳定性，应按照《公路桥涵施工技术规范》（JTG/T F50—2011）设计并验算，水中支架基础应考虑水流冲刷的影响。支架周转材料使用前应按照《建筑施工碗扣式钢管脚手架安全技术规范》（JGJ 166—2016）、《建筑施工扣件式钢管脚手架安全技术规范》（JGJ 130—2011）等要求检查，达不到设计要求不得使用	**查资料：** 1. 查模板支架专项方案、技术交底； 2. 查模板、支撑材料的进场验收记录； 3. 查模板支撑系统的检查验收记录及变形监测记录	10 AR	1. 模板支撑系统的强度、刚度、稳定性不满足质量安全要求，扣4～6分； 2. 支撑材料进场检测无验收记录，扣2～4分； 3. 验收数据不真实、记录不齐全，扣1～2分		

续上表

评价类目	评价项目		释义	评价方法	标准分值	评价标准		得分
						扣分项	否决项	
6.9 桥梁工程 (100分)	6.9.3 桥梁上部结构施工 (50分)	6.9.3.1 桥梁上部结构施工应按审批过的专项施工方案实施	施工单位应严格按照批复的方案施工,严禁擅自修改、调整专项施工方案,如因设计、结构、外部环境等因素发生变化确需修改的,修改后应重新审核、批准、论证	**查资料:** 1. 查看专项方案及审批、论证或变更手续、技术交底; 2. 查桥梁上部结构施工过程记录。 **查现场:** 现场查验是否按照审批过的方案实施	5 ★★★	1. 上部结构施工专项方案应经过审批、论证; 2. 现场应按照方案实施并留存施工过程检查记录		

续上表

评价类目	评价项目		释义	评价方法	标准分值	评价标准		得分
						扣分项	否决项	
6.9 桥梁工程(100分)	6.9.3 桥梁上部结构施工(50分)	6.9.3.2　满堂支撑架应经过安全验算，并应按规定进行预压试验。基础承载力应满足荷载与规范要求，并应按规定进行检测，检测记录数据应真实、签字齐全	支架基础应根据所受荷载、搭设高度、搭设场地地质等情况进行设计及验算，施工后进行检查验收。 支架基础的场地应设排水措施，遇洪水或大雨浸泡后，应重新检验支架基础、验算支架受力。冻胀土基础应有防冻胀措施。 支架在安装完成后应检查验收，使用前应预压。预压荷载应为支架需承受全部荷载的1.05～1.10倍。预压加载、卸载应按预压方案要求实施，使用沙(土)袋预压时应采取防雨措施	**查资料：** 1.查看验算书、预压试验记录； 2.查看地基承载力检测报告	8 ★	1.满堂支撑架未经过安全验算，扣5分； 2.未进行预压试验，扣3分； 3.基础承载力不满足荷载与规范要求，扣3分； 4.未按照规定进行检测扣2分；检测记录不齐全扣1～2分		

续上表

评价类目	评价项目		释义	评价方法	标准分值	评价标准		得分
						扣分项	否决项	
6.9 桥梁工程(100分)	6.9.3 桥梁上部结构施工(50分)	6.9.3.3 挂篮应经设计和安全验算,按方案组拼后,应进行全面检查,并应按相关规定进行预压试验	挂篮系统应经有资质的单位设计、制作,加工完成后应进行试拼装。现场组拼后,应检查验收,并应按方案进行预压试验。 挂篮行走滑道铺设应平顺,锚固应稳定。行走前应检查行走系统、吊挂系统、模板系统等。挂篮应在混凝土强度符合要求后移动,墩两侧挂篮应对称平稳移动,就位后应立即锁定。 挂篮每次移动后,应经检查验收。雨雪天或风力超过挂篮设计移动风力时,不得移动挂篮	**查资料:** 1.查看挂篮设计方案、安全验算资料; 2.查挂篮焊接部件检验测试报告及安装后验收记录; 3.查挂篮预压试验记录。 **查现场:** 现场查验挂篮是否按方案组拼	8 ★★★	1.挂篮应经设计和安全验算; 2.现场应按照方案组拼,并进行预压试验; 3.挂篮验收记录应齐全		

续上表

评价类目	评价项目		释义	评价方法	标准分值	评价标准		得分
						扣分项	否决项	
6.9 桥梁工程(100分)	6.9.3 桥梁上部结构施工(50分)	6.9.3.4 梁板吊装时应设立警戒区,就位后应及时进行稳固	梁板安装及架桥机移动过孔期间,作业现场应设置维护设施及警示标识,作业区域下方应设置警戒区,并严格执行起重吊装作业“十不准”规定。 就位后的梁、板应及时固定,T型梁、I型梁应与先安装的构件形成横向连接	**查资料:** 查看梁板吊装施工技术交底中关于警戒区域设置、梁体就位后稳固的相关要求。 **查现场:** 现场查验实施情况	5	1.梁板吊装时未设置警戒区域,扣2分; 2.就位后未及时进行稳固,扣3分		

续上表

评价类目	评价项目		释义	评价方法	标准分值	评价标准		得分
						扣分项	否决项	
6.9 桥梁工程 (100分)	6.9.3 桥梁上部结构施工 (50分)	6.9.3.5 桥面系施工临边及孔洞应设置安全防护栏杆、安全网及安全警示标识	桥面施工前,在梁面两侧应设置防护栏杆,应满足强度要求,并挂设安全网。栏杆立柱的固定及其与横杆的连接应牢固。在湿接缝、检查孔等位置设置防护网(板)。在无条件防护情况下的高空作业,应采用钢索为悬挂安全带和行走扶手。 桥梁等长距离的临边防护警示标识设置的距离不大于50m。 桥面系下方有道路、航道、铁路时,所设置的防护网(板)及围护设施应严密并满足相关要求	**查资料:** 查桥面系施工技术交底中关于安全防护栏杆等的要求。 **查现场:** 现场查验安全防护及警示实施情况	5	临边及孔洞未设置防护栏杆、安全网及警示标识,每个工点每缺一项扣2分,扣完为止		

续上表

评价类目	评价项目		释义	评价方法	标准分值	评价标准		得分
						扣分项	否决项	
6.9 桥梁工程(100分)	6.9.3 桥梁上部结构施工(50分)	6.9.3.6 龙门吊、架桥机等特种设备应取得安全使用登记证书。限位、防溜逸等设施应齐全、有效	特种设备安装后经检测合格、取得使用登记证后方可使用。 使用过程中应按规定对特种设备进行检查、维修,并予以记录。 特种设备限位装置、夹轨器、铁鞋等防溜逸设施应经常检查、及时维修,保证其齐全并能有效工作	**查资料:** 1. 查看特种设备技术档案及安全使用登记证; 2. 设备日常维修、检查记录。 **查现场:** 现场查验龙门吊、架桥机限位、防溜逸等设施是否齐全、有效	5 ★★★	1. 龙门吊、架桥机等特种设备应取得安全使用登记证书; 2. 限位、防溜逸设施应齐全、工作状态正常; 3. 设备应进行日常维修、检查并建立记录		

续上表

评价类目	评价项目		释义	评价方法	标准分值	评价标准		得分
						扣分项	否决项	
6.9 桥梁工程(100分)	6.9.3 桥梁上部结构施工(50分)	6.9.3.7 梁板张拉作业应符合相关规定	梁板两端的张拉作业区必须设置钢板防护设施,禁止非操作人员进入。 预应力筋张拉时,千斤顶顶面必须与构件张拉口紧贴。测量拉伸长度或加楔、拧紧螺栓时,应站在预应力筋的两侧操作,并停止卷扬机或千斤顶拉伸操作。 预应力钢绞线张拉时,操作应平稳、均匀,张拉端的正面不得站人。 采用延伸率控制时,应设置限位标识	**查资料:** 查看梁板张拉作业施工技术交底。 **查现场:** 现场查验张拉作业安全防护及按规定操作情况	5	1. 梁板张拉时未设置防护措施,扣3分; 2. 张拉作业位设置警戒区域和相关标识的,扣1~3分		

续上表

评价类目	评价项目		释义	评价方法	标准分值	评价标准		得分
						扣分项	否决项	
6.9 桥梁工程（100分）	6.9.3 桥梁上部结构施工（50分）	6.9.3.8　跨线桥梁施工应按照审批过的专项施工方案搭设、拆除跨线防护棚架	跨线桥梁施工防护棚的形式应根据公路等级、是否承重及防护要求通过受力计算确定，一般包括桁架式、满堂支架式及脚手架式。 安全防护棚必须具备较强的防砸、抗冲击能力。 安全防护棚形式、长度、基础、材质、搭设及拆除工艺、交通导流设施、限高、限宽、限行设施、安全防护设施及警示标识等应符合专项方案规定，不得随意变更。 安全防护棚搭设及拆除应按照相关部门批准的作业时间进行，施工期间做好交通导流及安全防护措施。 安全防护棚使用前应组织检查验收	**查资料：** 1. 查专项方案、施工技术交底对防护棚架搭设、拆除的规定； 2. 查防护棚架使用验收记录，日常检查、维修记录。 **查现场：** 现场查验防护棚架是否按方案实施	5 ★★★	1. 防护棚架应编制专项施工方案； 2. 现场应按照方案搭设、拆除跨线防护棚架； 3. 搭设后应按规定验收并留存验收记录； 4. 棚架的检查、维护与应建立记录		

续上表

评价类目	评价项目		释义	评价方法	标准分值	评价标准		得分
						扣分项	否决项	
6.9 桥梁工程(100分)	6.9.3 桥梁上部结构施工(50分)	6.9.3.9 跨线作业交通安全标志应符合规定	修、改建公路影响公路或市政交通时,施工项目应当在施工路段两端设置明显的施工标志、安全标志。需要车辆绕行的,应当在绕行路口设置标志;不能绕行的,必须修建临时道路,保证车辆和行人通行。 跨线作业交通安全标识应按照《道路作业交通安全标识》(GA 182—2014)及公路、铁路、航道等管理规定设置,施工前应编制专项方案报有关部门批准后实施。 防护设施应设置轮廓灯、警示灯或爆闪灯。警示灯在夜间应持续亮灯,通道内须保证充足的照明	**查现场:** 现场查看交通安全标志设置是否合规	4	1. 跨线作业缺少交通安全标志,每处扣4分; 2. 交通安全标志不符合相关规定,扣1~2分		

续上表

评价类目	评价项目		释义	评价方法	标准分值	评价标准		得分
						扣分项	否决项	
6.10 隧道工程（200分）	6.10.1 基本要求（20分）	6.10.1.1 隧道洞口应设置值班室（或监控室），对进出洞人员应执行登记管理	隧道洞口值班室（监控室）位置不宜设在隧道通风机的同侧。值班室（监控室）应安排专人24h值班。 值班人员应按照隧道出入洞登记制度，如实登记与工程相关的人员、日常施工人员及管理人员的个人信息、机械设备信息和进洞目的。值班人员还应及时掌握洞内施工作业情况，并拒绝与工程无关的人员进入洞内。 隧道洞口进出登记的形式包括：安全帽芯片、IC卡、翻板牌、人工登记等	**查资料：** 查看人员和机械设备进出洞登记表。 **查现场：** 查看隧道施工现场出入洞登记管理情况	5	1. 隧道洞口未设置值班室（或监控室），扣2～3分； 2. 对进出洞人员未执行登记管理或登记不全，扣1～2分		

续上表

<table>
<tr><th rowspan="2">评价类目</th><th colspan="2" rowspan="2">评价项目</th><th rowspan="2">释义</th><th rowspan="2">评价方法</th><th rowspan="2">标准分值</th><th colspan="2">评价标准</th><th rowspan="2">得分</th></tr>
<tr><th>扣分项</th><th>否决项</th></tr>
<tr><td>6.10
隧道工程
(200分)</td><td>6.10.1
基本要求
(20分)</td><td>6.10.1.2　1km以上隧道宜配置电子门禁系统和电子安全监控系统</td><td>长、特长及高风险隧道施工应设置稳定可靠的视频监控系统、门禁系统和人员识别定位系统。
设置门禁系统和电子监控系统的目的是24h不间断地对工程实施全过程进行连续监控，随时掌握现场情况，指挥、调度、协调组织施工，并以成像方式积累现场第一手现场施工情况资料</td><td>查资料：
查看方案中关于门禁系统和电子监控系统设置的相关要求。
查现场：
现场查验电子门禁系统和电子安全监控系统使用情况</td><td>3
★★</td><td>1.方案中无关于门禁系统和电子监控系统设置的相关要求，扣1分；
2.1km以上隧道未配置电子门禁系统和电子监控系统，扣2分；
3.门禁系统及电子监控系统不能有效使用，扣1分</td><td></td><td></td></tr>
</table>

续上表

评价类目	评价项目		释义	评价方法	标准分值	评价标准		得分
						扣分项	否决项	
6.10 隧道工程(200分)	6.10.1 基本要求(20分)	6.10.1.3　隧道内坑洞、临边部位等应设立防护栏及醒目的安全警示标识	隧道内下导坑、仰拱、水沟等临边处应设立防护栏等安全防护措施及安全警示标志、标牌。 仰拱栈桥之间宜设置可拆装的防护围栏,挂设防护网,并设置反光标识	**查资料:** 查看隧道施工方案和技术交底中关于坑洞、临边部位设置防护措施和警示标识的内容要求。 **查现场:** 现场查验洞内安全防护设施及警示标识	3	1. 隧道施工方案和技术交底中午关于坑洞、临边等部位设置防护栏及安全警示标识等内容的,扣1分; 2. 隧道内坑洞、临边部位未设立防护栏及醒目的安全警示标识,扣1~3分		
		6.10.1.4　作业台车防护应符合相关规定,并应设置醒目的警示标识	作业台车(连同相关防护设施)应经过专门设计,验收合格后方可使用。 台车上防护围栏、警示设施等齐全、醒目。属于高处作业应符合现行《建筑施工高处作业安全技术规范》(JGJ 80—2016)的有关规定	**查资料:** 1. 查看作业台车的设计方案,受力资料; 2. 查看台车进场验收记录。 **查现场:** 查看台车防护设施及警示标识	3	1. 作业台车无设计方案,无进场验收记录,扣1~2分; 2. 作业台车防护和警示标识不符合要求,扣1~2分		

续上表

评价类目	评价项目		释义	评价方法	标准分值	评价标准		得分
						扣分项	否决项	
6.10 隧道工程（200分）	6.10.1 基本要求（20分）	6.10.1.5　现场急救箱内物品、设备应齐全、有效	现场急救箱内应配备饮用水、食品、手电、口哨、无线对讲机和必要的急救药品，应经常检查物品、药品的有效性并定期更新。 急救箱宜放置在逃生通道内或衬砌台车等安全的地方	**查资料：** 查看隧道施工方案、技术交底中关于急救的相关内容。 **查现场：** 查现场急救药箱中物品、设备配置情况	3	1. 隧道开挖方案、技术交底中无急救箱设置的相关内容，扣1分； 2. 现场无急救药箱扣3分，急救药箱内物品、设备不齐全，扣1～2分		
		6.10.1.6　施工现场应设置灭火器、消防水池、消防用砂等消防设施	洞内应在动火作业、防水板台车、施工电气设施等处所设置灭火器，在木模板、防水材料等易燃物品堆放区域设置消防水池、消防用砂等消防设施	**查资料：** 查消防设施日常维护和检查记录。 **查现场：** 现场查看消防设施配置情况	3	1. 隧道内未设置灭火器、消防用沙等消防设施，扣1～2分； 2. 消防设施未定期进行维护、检查扣1～2分； 3. 消防设施标识不明显，扣1分		

续上表

评价类目	评价项目		释义	评价方法	标准分值	评价标准		得分
						扣分项	否决项	
6.10 隧道工程(200分)	6.10.2 洞身开挖(50分)	6.10.2.1 洞口工程应按审批过的专项施工方案实施。洞门、防护工程及截排水系统应施做及时、完整	洞口工程必须编制专项施工方案,经上级单位审核、监理、建设单位审批后实施。 洞口施工前,应先清理洞口上方及侧方可能滑塌的表土、灌木及山坡危石等。洞口的截、排水系统应在进洞前完成,并应与路基排水顺接,不得冲刷路基坡面、桥面锥体、农田屋舍,土质截水沟、排水沟应随挖随砌	**查资料:** 查看洞口工程专项施工方案及审批手续,施工技术交底、安全保证措施内容。 **查现场:** 查洞口开挖及相关截排水设施施做情况	8 ★★★	1. 洞口工程应编制专项施工方案并按照方案及技术交底实施; 2. 边坡及仰坡开挖,坡度应符合设计规定; 3. 洞门、防护工程及截排水系统应及时施做		

续上表

评价类目	评价项目		释义	评价方法	标准分值	评价标准		得分
						扣分项	否决项	
6.10 隧道工程(200分)	6.10.2 洞身开挖(50分)	6.10.2.2 洞口相关监控量测点布点应符合设计要求及相关规定	洞口顶部地表应在开挖前设置监控量测点,边仰坡开挖后及时设置变形观测点。量测点应满足设计及规范要求,在施工过程中及时按照设计图纸及规范要求的频率进行量测	**查资料:** 查洞口变形监控量测记录。 **查现场:** 查看洞口监控量测点布设情况	5	1. 洞口相关监控量测点布点不满足设计及规范要求,扣2~5分; 2. 未进行量测,扣3分; 3. 量测记录不齐全,扣1~2分		
		6.10.2.3 施工作业台架、台车各类防坠设施、安全警示标识应设置齐全,安全可靠	洞内施工作业台架、台车作业高度均超过2m,属于高处作业设施,应(连同相关防护设施)经过专门设计,验收合格后方可使用。 施工作业台架、台车应在醒目位置设立防坠落、防碰撞等安全警示标示	**查资料:** 1. 查看施工作业台架、台车的设计方案; 2. 使用前验收记录。 **查现场:** 现场查验防护设施、安全警示标识	5	1. 未制定施工作业台架、台车的设计方案,扣3分; 2. 无使用前验收记录,扣1分; 3. 施工作业台架、台车各类防坠设施、安全警示标识缺失,扣2~5分		

续上表

评价类目	评价项目		释义	评价方法	标准分值	评价标准		得分
						扣分项	否决项	
6.10 隧道工程(200分)	6.10.2 洞身开挖(50分)	6.10.2.4 洞内不得临时堆放易燃易爆物品	隧道内严禁存放汽油、柴油、煤油、变压器油、雷管、炸药等易燃易爆物品。 隧道爆破作业前应通过计算确定每次爆破炸药用量,按照所需量将炸药带入洞内装药爆破。装药后,如有剩余,应立即带回火工品运输车并退还仓库,不得在现场存放民用爆炸物品。 作业现场应按照规定配置灭火器等消防器材	**查现场:** 1. 现场查验是否临时堆放易燃易爆物品; 2. 查验现场消防器材配备情况	5	1. 洞内临时堆放易燃易爆物品,扣5分; 2. 作业现场未配备消防器材,扣1~3分		
		6.10.2.5 施工现场应设置风险源告知牌及安全警示标识	施工现场应结合风险源分布情况在醒目位置设置风险源告知牌并实施动态管理,及时更新风险内容、级别及控制措施。 现场安全警示标志、标牌以及应急逃生路线、灯视引导系统设置应规范、醒目,并定期维护	**查现场:** 现场查验是否正确设立风险源告知牌及相关警示标志、标牌	5	1. 施工现场未设置风险源告知牌及安全警示标识,扣3分; 2. 设置的内容不正确、不全面,扣1~2分		

续上表

评价类目	评价项目		释义	评价方法	标准分值	评价标准		得分
						扣分项	否决项	
6.10 隧道工程(200分)	6.10.2 洞身开挖(50分)	6.10.2.6 洞身应按审批过的专项施工方案开挖,不得擅自变更开挖方法	洞身应按照审批过的专项施工方案组织施工,不得擅自变更或调整。如因设计、结构、外部环境因素发生变化确需要变更或调整的,应重新制定方案并履行审批论证程序	**查资料:** 查看洞身开挖方案、技术交底及其审批、签字手续。 **查现场:** 查验现场施工是否与方案相符	8 ★★★	1. 洞身开挖应按照方案实施,不得擅自变更开挖方法; 2. 如变更开挖方案需重新审批		
		6.10.2.7 施工现场应按照设计要求进行超前支护	围岩自稳程度差的地段应先进行超前支护、预加固处理,并应符合设计要求。 软弱围岩及不良地质隧道必须按照设计图纸及规范要求进行超前支护,不得随意调整超前支护等级	**查资料:** 查看隧道施工设计图纸、专项方案及技术交底。 **查现场:** 查验现场是否按照设计要求进行超前支护	8 ★★★	1. 现场应按照设计要求施工超前支护; 2. 超前支护施作完成应经隐蔽工程验收并留存记录		

续上表

评价类目	评价项目		释义	评价方法	标准分值	评价标准		得分
						扣分项	否决项	
6.10 隧道工程(200分)	6.10.2 洞身开挖(50分)	6.10.2.8　隧道爆破应进行钻爆设计,并应按审批过的方案实施	施工前应进行钻爆设计,并根据实际爆破效果及时对爆破设计参数进行调整。 隧道爆破设计方案应制定相应的安全技术措施,方案按规定报有关部门审批。 爆破作业必须由具有爆破资质的单位实施,爆破员、安全员、押运员等必须持有效证件方可上岗。作业前应按规定办理审批手续,经批准后方可实施爆破。 爆破作业应设置警戒区和警戒人员,起爆前必须撤出人员并按规定发出声、光等警示信号。爆破后经排险,警戒解除后方可进入作业区域	**查资料:** 1.查看隧道钻爆设计方案及审批手续; 2.查看钻爆施工技术交底。 **查现场:** 查验现场是否按照审批过的方案实施	6 ★★★	1.隧道爆破作业应编制钻爆设计并按规定进行审批; 2.现场应按照审批过的方案和技术交底实施		

续上表

评价类目	评价项目		释义	评价方法	标准分值	评价标准		得分
						扣分项	否决项	
6.10 隧道工程 (200分)	6.10.3 初期支护及二衬 (45分)	6.10.3.1 初期支护和二衬应按方案实施。初期支护背后不得出现空腔或填充物	隧道施工必须强化施工工序和现场管理,确保支(防)护到位,严禁支护滞后和安全步距超标。 软弱围岩地段施工必须坚持"弱爆破、少扰动、短开挖、强支护、勤量测、紧衬砌"的施工原则,初期支护紧跟掌子面。Ⅳ~Ⅵ级围岩初期支护在未落底前,应采用加强锁脚,同时应保持尽早封闭成环。 现场应强化开挖工序管理,严格控制超欠挖,当出现超挖后,应分层分批对超挖部位进行喷砼支护,初期支护背后严禁出现空洞或使用其他填充物填充,支护和防护未经验收,不得进行下道工序施工	**查资料:** 1.查看施工方案、技术交底中关于初期支护和二衬施工工艺及安全注意事项; 2.查看初支无损检测报告及相关施工记录。 **查现场:** 1.现场查验初期支护和二衬施工是否按方案施工; 2.检验初期支护背后是否存在空腔或填充物	10 ★★★	1.施工方案、技术交底中应明确初支及二衬施工安全要求; 2.初期支护和二衬应按照方案实施; 3.开挖后应及时施工初期支护; 4.初期支护背后不得出现空腔或填充物		

续上表

评价类目	评价项目		释　义	评价方法	标准分值	评价标准		得分
						扣分项	否决项	
6.10 隧道工程(200分)	6.10.3 初期支护及二衬(45分)	6.10.3.2　仰拱与掌子面、二衬与掌子面的安全步距应符合设计要求及相关规定	仰拱开挖施工应符合下列规定： ①Ⅳ级及以上围岩仰拱每循环开挖长度不得大于3m,不得分幅施作。 ②仰拱与掌子面的距离,Ⅲ级围岩不得超过90m,Ⅳ级围岩不得超过50m,Ⅴ级及以上围岩不得超过40m。 软弱围岩及不良地质隧道的二次衬砌应及时施作,二次衬砌距掌子面的距离Ⅳ级围岩不大于90m,Ⅴ级及以上围岩不大于70m。	**查资料：** 查看施工方案及技术交底中关于各类围岩仰拱与掌子面、二衬与掌子面的安全步距要求。 **查现场：** 现场测量安全步距情况	14 ★★★	1.施工方案及技术交底中应明确各类围岩仰拱与掌子面、二衬与掌子面的安全步距； 2.仰拱与掌子面、二衬与掌子面的安全步距应满足方案要求		

续上表

评价类目	评价项目		释义	评价方法	标准分值	评价标准		得分
						扣分项	否决项	
6.10 隧道工程 (200分)	6.10.3 初期支护及二衬 (45分)		必须强化施工工序和现场管理,确保支(防)护到位,严禁支护滞后和安全步距超标。 仰拱顶上的填充层及铺底应在拱墙混凝土及二衬施工前完成,宜保持超前3倍以上衬砌循环作业长度,以利于衬砌台车模筑混凝土施工,铺底距掌子面距离不超过60m					

续上表

评价类目	评价项目		释义	评价方法	标准分值	评价标准		得分
						扣分项	否决项	
6.10 隧道工程(200分)	6.10.3 初期支护及二衬(45分)	6.10.3.3 拱架安装应符合相关规定	钢架施工应满足: 钢架底脚基础应坚实、牢固; 相邻的钢架应连接成整体; 已安装的钢架发生扭曲变形时,应及时逐榀更换,不得同时更换相邻的钢架; 下部开挖后,钢架应及时接长、落底,钢架底脚不得左右同时开挖; 拱脚开挖后应立即安装拱架、施作锁脚锚杆,锁脚锚杆数量、长度、角度应符合设计要求; 拱脚不得脱空,不得有积水浸泡; 临时钢架支护应在隧道钢架支撑封闭成环并满足设计要求后拆除	**查资料:** 1. 查看施工方案及技术交底中关于拱架的安装工艺、质量及安全保证措施; 2. 查拱架、锁脚锚杆或锁脚锚管的施工记录。 **查现场:** 现场查验拱架安装情况	8	1. 施工方案及技术交底中未明确拱架安装工艺、质量及安全保证措施,扣2分; 2. 拱架、锁脚锚杆或锁脚锚管不符合方案要求,扣2~5分; 3. 未留存施工记录,扣1~2分		

续上表

<table>
<tr><th rowspan="2">评价类目</th><th colspan="2" rowspan="2">评价项目</th><th rowspan="2">释义</th><th rowspan="2">评价方法</th><th rowspan="2">标准分值</th><th colspan="2">评价标准</th><th rowspan="2">得分</th></tr>
<tr><th>扣分项</th><th>否决项</th></tr>
<tr><td rowspan="2">6.10
隧道工程
(200分)</td><td rowspan="2">6.10.3
初期支护及二衬
(45分)</td><td>6.10.3.4 系统锚杆施工应符合设计要求及相关规定</td><td>锚杆类型、规格、技术性能应满足设计要求。
系统锚杆必须使用合格材料,纵向、环向间距、锚固深度、锚杆角度及注浆应符合设计及规范要求</td><td>查资料:
1.查看施工方案及技术交底中关于系统锚杆施工的施工工艺、质量及安全保证措施;
2.查系统锚杆施工记录。
查现场:
现场查验系统锚杆施做情况</td><td>8
★★★</td><td>1.施工方案及技术交底中应明确系统锚杆施工工艺、质量及安全保证措施;
2.系统锚杆施工应符合设计要求,应留存施工记录</td><td></td><td></td></tr>
<tr><td>6.10.3.5 初期支护各类检测应及时、有效,检测报告应签字齐全</td><td>与初期支护相关的各类原材料及施工过程中半成品、成品应按照试验规程及验收标准要求的批次、频率及时进行相关检测并出具有效的检测报告,支护质量按规范要求进行相应检查</td><td>查资料:
查检测报告、检查记录</td><td>5</td><td>1.初期支护未按要求进行各类检测,每少一项扣1分;
2.初期支护各类检测不及时、不真实、不齐全扣1~3分;
3.检测报告签字不全扣1分;
4.无检查记录扣1分</td><td></td><td></td></tr>
</table>

续上表

评价类目	评价项目		释义	评价方法	标准分值	评价标准		得分
						扣分项	否决项	
6.10 隧道工程（200分）	6.10.4 监控量测与超前地质预报（25分）	6.10.4.1　项目经理部应根据设计文件要求，制定监控量测及超前地质预报专项施工方案，并应按方案组织实施	施工前应编制监控量测、超前地质预报专项方案，实施过程中应加强对结论分析的动态管理，为施工方案优化、支护参数调整、安全风险评估管理等方面的决策提供重要依据。 监控量测方案应根据隧道地质条件、支护参数、施工方法以及设计要求编制，主要应包括工程简介、监测目的、监测项目、监测机构、监测方法、监测仪器、测点布置、量测频率、监测管理标准等内容。复杂工程监测方案应经论证。	**查资料：** 查看监控量测及超前地质预报专项方案及审批手续。 **查现场：** 现场检查是否按审批通过的方案组织实施	5 ★★★	1. 隧道施工前应制定监控量测及超前地质预报专项方案并按规定审批； 2. 现场应按照专项方案组织实施		

续上表

评价类目	评价项目		释义	评价方法	标准分值	评价标准		得分
						扣分项	否决项	
6.10 隧道工程（200分）	6.10.4 监控量测与超前地质预报（25分）		对不良地质隧道应加强地质超前预报、动态评价预测、施工监控和质量检测，可选择有相应能力等级的独立检测机构承担，强化数据互通、结果分析和指导施工。对岩溶、富水、瓦斯硫化氢、二氧化碳气体溢出，穿越煤层、采空区或有断层、破碎带的，应以水平钻孔方式进行超前预报复核，异常情况必须调整作业方案，强化防范措施					

续上表

评价类目	评价项目		释义	评价方法	标准分值	评价标准		得分
						扣分项	否决项	
6.10 隧道工程(200分)	6.10.4 监控量测与超前地质预报(25分)	6.10.4.2 长大隧道和不良地质隧道应进行超前地质预报	长大隧道及不良地质隧道应按照规定进行专项超前地质预报设计,及时收集分析预报资料,完善施工方案并指导现场施工	**查资料:** 1. 查看超前地质预报专项施工方案; 2. 查看超前地质预报报告。 **查现场:** 现场查验是否按方案或交底施工	3 ★★★	1. 长大隧道和不良地质隧道应制定超前地质预报方案; 2. 超前地质预报应按方案及时进行,不得滞后; 3. 超前地质预报相关资料应及时报送现场管理人员		
		6.10.4.3 监控量测应满足相关规定,布点数量、位置应符合相关规定,监测项目及资料数据应真实、签字齐全	施工现场要结合开挖、支护作业的进程进行监控量测工作,量测断面间距、量测内容、测点数量及位置、监测频率、仪器、人员等符合标准规范和设计要求,围岩变形测点不得设置在喷射砼或者钢拱架上,量测资料数据应真实、签字齐全	**查资料:** 1. 查看监控量测方案中关于布点数量、位置及相关要求; 2. 查监控量测数据及签字。 **查现场:** 现场查验监控量测点布设情况	3 AR	1. 监控量测布点数量、位置不符合规范或设计文件要求,扣2分; 2. 监控量测及资料数据不真实、签字不全,扣1~2分		

续上表

<table>
<tr><th rowspan="2">评价类目</th><th colspan="2" rowspan="2">评价项目</th><th rowspan="2">释义</th><th rowspan="2">评价方法</th><th rowspan="2">标准分值</th><th colspan="2">评价标准</th><th rowspan="2">得分</th></tr>
<tr><th>扣分项</th><th>否决项</th></tr>
<tr><td rowspan="2">6.10
隧道工程
(200分)</td><td rowspan="2">6.10.4
监控量测与超前地质预报
(25分)</td><td>6.10.4.4 项目经理部应对量测数据进行分析,项目负责人和技术负责人应签字齐全</td><td>施工现场应及时收集、整理量测数据,并对量测数据进行分析。必要时,根据量测分析结果调整施工方案。项目负责人和技术负责人应每日对量测数据签字、负责</td><td>查资料:
查监控量测数据分析记录</td><td>3</td><td>1. 监测数据无分析报告,扣2分;
2. 分析报告无监测单位现场负责人签字,扣1分;
3. 项目负责人和技术负责人未每日对监测数据签字或签字不全,扣1~2分</td><td></td><td></td></tr>
<tr><td>6.10.4.5 超前地质预报频次及预报长度应符合相关规定</td><td>超前地质预报预报频次及预报长度应按照专项方案实施,并满足设计图纸及规范要求</td><td>查资料:
1. 查看超前地质预报方案中预报频次及预报长度要求;
2. 查超前地质预报报告</td><td>3</td><td>1. 方案中未明确关于预报频次、长度等相关要求,扣2分;
2. 超前地质预报频次及预报长度不满足方案要求,扣2~3分</td><td></td><td></td></tr>
</table>

续上表

评价类目	评价项目		释义	评价方法	标准分值	评价标准		得分
						扣分项	否决项	
6.10 隧道工程（200分）	6.10.4 监控量测与超前地质预报（25分）	6.10.4.6 地质预报和监测仪器证书应齐全、标定有效	地质预报和监测仪器、元器件及其构成的监测系统应可靠、耐久、稳定，证书应齐全、有效，并按要求定期进行校对、标定和检查	**查资料：** 1. 查标定证书，查检验报告； 2. 查仪器台账	3	1. 地质预报和监测仪器证书不全或失效，扣1～2分； 2. 仪器未及时校对、标定的，扣1～2分		
		6.10.4.7 项目经理部应对掌子面及围岩稳定性开展巡视检查，检查记录应真实、签字齐全	爆破后，应按先机械后人工的顺序对掌子面进行找顶。 每班作业前及施工过程中应有专人对掌子面及围岩的稳定性开展巡视检查。如发现掌子面和围岩有异常，立即停止施工，撤除现场。 检查应建立记录，内容真实有效，签字齐全，不得伪造	**查资料：** 查巡视检查记录及相关影像资料	5	1. 未对掌子面及围岩稳定性进行检查，扣3分； 2. 检查记录不真实、签字不全，扣1～2分		

续上表

评价类目	评价项目		释义	评价方法	标准分值	评价标准		得分
						扣分项	否决项	
6.10 隧道工程 (200分)	6.10.5 逃生通道 (10分)	6.10.5.1 长大隧道、不良地质及软弱围岩隧道的二衬与掌子面间应设置逃生通道，逃生通道距离掌子面不应大于20m	必须按照规定设置逃生通道，严禁在安全设施不到位的情况下施工作业。 逃生通道应随隧道掌子面开挖进尺不断前移，以保证有效实施救援	**查资料：** 查看施工方案及技术交底中逃生通道的标准及设置要求。 **查现场：** 查隧道逃生通道设置及其安全距离	5	1. 施工方案及技术交底中未明确关于逃生通道设置要求，扣1分； 2. 长大隧道、不良地质及软弱围岩隧道的二衬与掌子面间未设置逃生通道，扣5分； 3. 逃生通道与掌子面距离不符合要求，扣1~3分		
		6.10.5.2 逃生通道的刚度、强度及抗冲击力应符合相关规定	逃生通道通常使用钢管，其内径不小于Φ800mm、壁厚大于6mm，每节管长宜为6m。现场也可通过验证后，使用其他新材料的逃生管道，但必须满足相应的安全性能	**查资料：** 查逃生通道成品检测资料	5	1. 无逃生通道刚度、强度及抗冲击力等相关试验检测资料，扣1~2分； 2. 逃生通道的刚度、强度及抗冲击力不满足安全性能要求，扣3~5分		

续上表

评价类目	评价项目		释义	评价方法	标准分值	评价标准		得分
						扣分项	否决项	
6.10 隧道工程（200分）	6.10.6 通风、防尘、照明、排水及消防、应急管理（20分）	6.10.6.1　隧道内通风应按批准的方案配置通风设施	隧道通风方式应根据隧道长度、断面大小、施工方法、设备条件等确定，主风流的风量不能满足隧道掘进需求时，应设置局部通风系统。 隧道施工通风应纳入工序管理，由专人负责。 配置的通风机械设备应满足洞内通风需求	**查资料：** 查看通风专项方案、技术交底。 **查现场：** 现场查验是否按方案或交底施工	3 ★★★	1. 隧道通风应编制专项方案，并通过审批； 2. 通风方式、设施应与方案一致并符合规范要求		

续上表

评价类目	评价项目		释义	评价方法	标准分值	评价标准		得分
						扣分项	否决项	
6.10 隧道工程 (200分)	6.10.6 通风、防尘、照明、排水 及消防、应急管理 (20分)	6.10.6.2　项目经理部应对有毒有害气体进行检测，检测记录应齐全、有效	隧道内有毒有害气体控制应符合： 作业过程中，空气中的氧气含量不得低于19.5%；不得用纯氧通风换气。 空气中的一氧化碳(CO)、二氧化碳CO_2、蛋氧化物(NO_x)等有害气体浓度不得超过"工作场所空气中有毒物质容许浓度"值的规定。 施工中应当使用经检定合格的仪器按照要求的检测频次、方法、部位、项目等检测有毒有害气体，检测记录应当反应洞内真实情况，确保人员安全	**查资料：** 1. 查看施工方案及技术交底中对有毒有害气体检测要求； 2. 查检测报告、记录	4 ★★★	现场应按规定进行有毒有害气体检测，检测记录齐全、有效		

续上表

评价类目	评价项目		释义	评价方法	标准分值	评价标准		得分
						扣分项	否决项	
6.10 隧道工程（200分）	6.10.6 通风、防尘、照明、排水及消防、应急管理（20分）	6.10.6.3 掘进里程超过150m时，应采用机械式强制通风	隧道施工独头掘进长度超过150m时自然通风方式无法满足粉尘浓度控制要求，必须采用机械通风	**查资料：** 查看隧道内通风设备运转记录。 **查现场：** 查看隧道内通风设备配置情况	2 ★★★	现场应按方案要求设置机械式强制通风		
		6.10.6.4 压入式通风管的送风口距掌子面不应超过15m，排风式风管吸风口距掌子面不应超过5m，洞外风机距离洞口不宜少于30m，且通风量应符合相关规定	通风管靠近开挖面的距离应根据开挖面大小通过计算确定。 隧道施工通风应能提供洞内各项作业所需要的最小风量，风速不得大于6m/s；每人供应新鲜空气不得小于$3m^3/min$，内燃机械作业供风量不宜小于$4.5m^3/(min \cdot kW)$；全断面开挖时风速不得小于0.15m/s，导洞内不得小于0.25m/s	**查资料：** 查看通风方案中通风管布设要求。 **查现场：** 测量通风管道距离及通风量	2	1. 压入式通风管的送风口距掌子面超过15m，扣1～2分； 2. 排风式风管吸风口距掌子面超过5m，扣1～2分； 3. 洞外风机距离洞口少于30m，扣1～2分； 4. 通风量不满足相关规范要求，扣1～2分		

续上表

评价类目	评价项目		释义	评价方法	标准分值	评价标准		得分
						扣分项	否决项	
6.10 隧道工程 (200分)	6.10.6 通风、防尘、照明、排水及消防、应急管理 (20分)	6.10.6.5 隧道内应照明充足,照明用电应与动力用电分开。作业区域应使用安全照明电压	隧道内照明系统与动力用电应分开设立,防止动力用电设备启动电流较大,容易造成照明用电短路后影响洞内照明。 隧道施工作业地段必须有充足的照明,照明电压不宜大于36V,成洞段和不作业地段宜采用220V,照明灯宜采用冷光源	**查资料:** 查看临时用电组织设计及技术交底中动力用电与安全照明用电要求。 **查现场:** 查隧道临时用电	3	1. 隧道内照明不足,扣1~2分; 2. 照明用电未与动力用电分开,扣3分; 3. 作业区域未使用安全照明电压,扣1~2分; 4. 使用简易碘钨灯照明,扣1~2分		

续上表

评价类目	评价项目		释　义	评价方法	标准分值	评价标准		得分
						扣分项	否决项	
6.10 隧道工程（200分）	6.10.6 通风、防尘、照明、排水及消防、应急管理（20分）	6.10.6.6　隧道排水设施应完善、有效	隧道内顺坡排水沟断面应满足隧道排水需要。 隧道内反坡排水方案应根据距离、坡度、水量和设备情况确定。抽水机排水能力应大于排水量的20%，并应有备用台数。 斜井应边掘进边排水，涌水量较大地段应分段截排水。竖井、斜井井底应设置排水泵站，排水泵站应设在铺设排水管的井身附近，并应与主变电所毗邻，泵站应留有增加水泵的余地。 膨胀岩、土质底层、围岩松软地段应铺砌水沟或用管槽排水。 遇渗漏水面积或水量突然增加、应立即停止施工，人员撤至安全地点	**查资料：** 查看施工方案和技术交底中排水设施的相关要求。 **查现场：** 查隧道排水设施	2	1. 施工方案及技术交底中未明确排水设施的相关要求扣1分； 2. 隧道内无排水设施扣2分； 3. 排水设施失效或排水不畅扣1～2分		

续上表

评价类目	评价项目		释义	评价方法	标准分值	评价标准		得分
						扣分项	否决项	
6.10 隧道工程 (200分)	6.10.6 通风、防尘、照明、排水及消防、应急管理 (20分)	6.10.6.7 隧道施工应设置应急救援仓库,应配备足够数量的应急救援设备、设施和消防器材	应急救援仓库应选址合理、交通便利,仓库规模应满足应急救援物资储存需要。 隧道施工应配备应急救援机械设备、监测仪器、堵漏和清洗消毒材料、交通工具、个体防护设备、医疗设备和药品、生活保障和救援物资等,应进行定期检查、维护和更新,保持正常、有效。不得挪用救援物资及救援设备	**查资料:** 查应急预案中对应急救援仓库位置、救援设备和消防器材的配置数量的规定。 **查现场:** 查看隧道应急救援仓库,查应急救援设备、设施和消防器材配置情况	2	1. 隧道施工未设置应急救援仓库,扣2分; 2. 应急救援设备、设施和消防器材配备不足,扣1~2分; 3. 未建立相关配置的储存台账,扣1分		
		6.10.6.8 施工现场应设立应急逃生路线灯视引导系统	现场应结合实际情况进行应急逃生路线专项设计。 隧道内设立的应急逃生路线灯视引导系统应与监控、预警设施统一设置,规范管理,确保紧急情况下视觉指示系统正确、有效,相关设施正常运转	**查资料:** 1. 查应急预案中灯视引导系统设置要求; 2. 查维护记录。 **查现场:** 查看隧道内应急逃生路线灯视引导系统设置及功效情况	2 ★	1. 未设立应急逃生路线灯视引导系统,扣2分; 2. 灯视引导系统故障或无效,扣1~2分		

续上表

评价类目	评价项目		释义	评价方法	标准分值	评价标准		得分
						扣分项	否决项	
6.10 隧道工程(200分)	6.10.7 瓦斯隧道(20分)	6.10.7.1 瓦斯隧道施工应按照审批过的专项施工方案施工	瓦斯隧道施工前应编制专项施工方案并经审批认证后实施。 项目经理部应建立机构,设置专人进行瓦斯监测、记录和报告工作,瓦斯监测员应按照相关规定经专业机构培训,并应取得相应的从业资格。 瓦斯突出隧道应就预防煤和瓦斯突出、揭煤与过煤编制单项施工技术方案	**查资料:** 查专项施工方案及审批记录、技术交底。 **查现场:** 现场查验是否按方案或交底施工	5 ★★★	1. 瓦斯隧道应编制专项施工方案,现场应按规定配置瓦斯检测人员,人员应经培训并持有效证书; 2. 瓦斯监测工作符合要求,记录齐全		
		6.10.7.2 瓦斯隧道应使用具有防爆性能的电气设备、设施、车辆及照明系统	瓦斯隧道应当严格按照相关规定配置和使用防爆设备设施。 施工方案中应明确电气设备设施及照明器材的规格、型号、数量,使用前进行检查核对,定期维护	**查资料:** 1. 查防爆电气设备、设施、车辆及照明系统产品合格证及检测报告; 2. 查台账及定期维护记录。 **查现场:** 查看瓦斯隧道电气设备、设施及照明系统	10 ★★★	1. 瓦斯隧道使用的防爆电气设备、设施、车辆及照明系统应符合设计要求,产品合格证齐全; 2. 现场应定期进行维护并建立记录		

续上表

评价类目	评价项目		释义	评价方法	标准分值	评价标准		得分
						扣分项	否决项	
6.10 隧道工程（200分）	6.10.7 瓦斯隧道（20分）	6.10.7.3 施工现场应配置瓦斯检测仪，掌子面瓦斯浓度超标时不得施工	瓦斯隧道装药爆破时，总回风道风流中瓦斯浓度应小于0.75%。当爆破作业面附近20m以内风流中瓦斯浓度达到1%时，必须停止钻孔作业；当瓦斯浓度达到1.5%时，必须停止一切作业，撤出现场作业人员，切断电源，采取措施进行处理。 瓦斯含量低于0.5%时，应每0.5～1h检测一次；瓦斯含量高于0.5%时，应随时检测，发现问题立刻报告。煤与瓦斯突出较大、变化异常时应加大检测频率	**查资料：** 1. 查瓦斯检测仪合格证书及定期检验记录； 2. 查掌子面瓦斯监测记录。 **查现场：** 查看瓦斯监测设备，检测掌子面瓦斯浓度	5	1. 现场未配置瓦斯监测仪扣5分； 2. 掌子面瓦斯浓度超标时仍施工扣5分； 3. 瓦斯监测记录不真实或监测频率不满足要求扣1～2分； 4. 瓦斯检测仪无合格证或未标定扣2分		

续上表

评价类目	评价项目		释义	评价方法	标准分值	评价标准		得分
						扣分项	否决项	
6.10 隧道工程（200分）	6.10.8 通信信息管理（10分）	6.10.8.1 隧道内应保持通信畅通，与洞外的应急联络应快捷有效	长大隧道应间隔一定距离设立有线电话报警平台或与当地移动通信公司联系合作，提前安装小型移动通信基站，设立移动通信洞内信号延伸系统，利用移动通信技术手段，增强通信信号，确保应急联络快捷畅通	**查现场：** 现场测试隧道内通信设备畅通情况	3	1. 隧道内未设置通信设施扣2分； 2. 与洞外应急联络不畅扣1分		
		6.10.8.2 长大隧道施工应配备远程监控系统	隧道施工远程监控成像系统应当选择高清防爆摄像头、内置存储加远程传输、多级实时访问的视频系统	**查现场：** 现场查看远程监控系统运行情况及运行记录	5 ★★	1. 长大隧道施工无远程监控系统扣5分； 2. 监控系统故障或无效扣1~3分； 3. 系统运行记录不清晰扣1~2分		
		6.10.8.3 项目经理部宜对作业人员进行定位信息管理	隧道施工宜配备人员定位信息管理系统，作业人员进洞施工时应配备追踪感应器，实时追踪作业人员位置信息，便于进洞人员管理以及发生突发事件时及时、准确进行人员定位，有效实施救援	**查现场：** 查验人员定位信息管理系统及人员信息	2 ★	1. 未对作业人员设置定位信息管理系统，扣1~2分； 2. 系统运转不畅，扣1~2分		

续上表

<table>
<tr><th rowspan="2">评价类目</th><th colspan="2" rowspan="2">评价项目</th><th rowspan="2">释义</th><th rowspan="2">评价方法</th><th rowspan="2">标准分值</th><th colspan="2">评价标准</th><th rowspan="2">得分</th></tr>
<tr><th>扣分项</th><th>否决项</th></tr>
<tr><td rowspan="2">6.11
路基工程
(60分)</td><td rowspan="2">6.11.1
边坡施工
(30分)</td><td>6.11.1.1　高边坡、滑坡体、危石段安全防护措施应符合相关规定,并应设置风险源告知牌等</td><td>高边坡、滑坡体和危石段施工前应检查坡体表面,及时清理坡面的危石、松石、浮石、悬石,做好相应的安全防护措施,并在危险区段周边设置醒目的风险源告知牌及相应的安全警示标识</td><td>查资料:
查看施工方案和技术交底。
查现场:
查各部位防护措施及风险源告知牌、安全警示标识</td><td>10</td><td>1. 施工方案和技术交底中未制定高边坡、滑坡体和危石段等风险较高的分项工程的安全防护措施,扣2~5分;
2. 高边坡、滑坡体、危石段未设置风险源告知牌及相应安全警示标识,每处扣0.5分,扣完为止;
3. 安全防护措施不到位,扣2~5分</td><td></td><td></td></tr>
<tr><td>6.11.1.2　高边坡施工应自上而下,多级边坡不得同时立体交叉作业</td><td>高边坡施工应按照“自上而下、分级进行、开挖一级,防护一级”的原则施工,开挖后的边坡应及时进行防护,严禁立体交叉施工</td><td>查资料:
查看高边坡施工安全风险评估报告、专项施工方案、施工技术交底。
查现场:
根据方案现场查验</td><td>10
★★★</td><td>1. 高边坡施工应按方案要求自上而下、逐级开挖、逐级防护;
2. 多级边坡不得上下同时作业、掏洞开挖</td><td></td><td></td></tr>
</table>

续上表

评价类目	评价项目		释义	评价方法	标准分值	评价标准		得分
						扣分项	否决项	
6.11 路基工程（60分）	6.11.1 边坡施工（30分）	6.11.1.3 挡土墙施工应符合相关规定，相关排水设施应完善	挡土墙基础应满足设计要求，必要时进行地基承载力的检测。 挡土墙基础沟槽开挖深度超过3m，按本标准5.8.5执行。进行路堤挡墙施工时，石料堆放与基坑边缘距离和荷载满足本标准5.8.5.2的要求，严禁直接向基坑内直接倾倒。 挡土墙施工应设警戒区。作业时墙高大于2m时，必须搭设牢固的落地脚手架，严禁采用悬挑脚手架。脚手架应按搭设方案搭设，验收合格后方可使用。 锚杆挡土墙施工前，应清除岩面松动石块，并整平墙背坡面。 按设计及方案要求做好顶部、台阶、基础等相关排水设施	**查资料：** 查看挡土墙施工方案和技术交底。 **查现场：** 1. 查验现场施作是否与方案和交底一致； 2. 现场防排水设施是否完善	10	1. 挡土墙施工方案和技术交底中的安全保证措施不具体，扣2分； 2. 挡土墙施工不符合相关安全要求，扣2～6分； 3. 无相关排水设施或排水不畅，扣2～5分		

续上表

评价类目	评价项目		释义	评价方法	标准分值	评价标准		得分
						扣分项	否决项	
6.11 路基工程 (60分)	6.11.2 路基施工 (30分)	6.11.2.1 路基土石方爆破作业应按审批过的专项施工方案实施。爆破作业时应设置警戒区	路基土石方爆破作业应编制爆破施工方案,制定相应的安全技术措施并经有关部门审批同意。爆破作业前,应按规定办理审批手续,批准后方可实施爆破作业。爆破作业必须要有爆破资质的单位实施,爆破员、安全员、押运员等必须持有效证件方可上岗。 爆破作业必须设置警戒区和警戒人员,起爆前必须撤出人员并按规定发出声、光等警示信号。爆破后经排险,警戒解除后方可进入作业区域	**查资料:** 1. 查看爆破施工方案及技术交底; 2. 查看爆破作业审批手续。 **查现场:** 1. 现场查验是否按方案实施; 2. 现场查验爆破警戒区设置是否符合规定	9 ★★★	1. 路基土石方爆破作业应按照审批过的方案实施,爆破作业审批手续齐全; 2. 施工现场警戒区域设置应符合方案要求,警戒区域应设置醒目标识和爆破作业公告,警戒区域应安排值班人员		

续上表

评价类目	评价项目		释　义	评价方法	标准分值	评价标准		得分
						扣分项	否决项	
6.11 路基工程（60分）	6.11.2 路基施工（30分）	6.11.2.2　高填深挖路基施工作业应符合安全规定。施工便道应符合相关规定，危险路段防护措施应到位、警示标识应正确、齐全	高填路堤预留宽度应符合设计要求，应及时施作临时排水设施，作业区边缘应设置明显的警示标识，应进行位移监测。 深挖路堑施工应及时施作临时排水设施。边坡应严格按设计坡度开挖，并做到开挖一级，防护一级，同时监测边坡的稳定性。 施工便道应根据运输荷载、使用功能、环境条件进行设计和施工，并应符合下列规定： ①双车道施工便道宽度不宜小于6.5m；	**查资料：** 查看高填深挖路基施工安全风险评估报告、专项方案、安全措施。 **查现场：** 1. 高填深挖路基施工作业情况； 2. 现场查验便道及危险路段的防护措施、警示标识	8	1. 高填深挖路基施工无安全风险评估报告和专项施工方案，扣2分； 2. 高填深挖路基施工作业不符合安全规定，扣3～5分； 3. 施工便道不符合要求，扣2～3分； 4. 危险路段无防护措施或防护措施不到位，扣1分； 5. 安全警示标识不全，扣1分		

续上表

评价类目	评价项目		释义	评价方法	标准分值	评价标准		得分
						扣分项	否决项	
6.11 路基工程(60分)	6.11.2 路基施工(30分)		②单车道施工便道宽度不宜小于4.5m,并宜设置错车道,错车道应设在视野良好地段,间距不宜大于300m。设置错车道路段的施工便道宽度不宜小于6.5m,有效长度不宜小于20m; ③路拱坡度应根据路面类型和现场自然条件确定,并应大于1.5%; ④施工便道应根据需要设置排水沟和圆管涵等排水设施; ⑤施工便道在急弯、陡坡、连续转弯等危险路段应进行硬化,设置警示标识,并根据需要设置防护设施;					

续上表

评价类目	评价项目		释　　义	评价方法	标准分值	评价标准		得分
						扣分项	否决项	
6.11 路基工程（60分）	6.11.2 路基施工（30分）		⑥施工便道中易发生落石、滑坡等危险路段应根据需要设置防护设施； ⑦紧临或穿越河道时不得破坏原有水系，不得降低原有河道泄洪能力。 施工便道与既有道路平面交叉处应设置道口警示标识，有高度限制的应设置限高架。便道的维护、维修应及时。 施工便桥应经专门设计，两端应设置限宽、限速、限载标识，建成后应验收					

续上表

评价类目	评价项目		释义	评价方法	标准分值	评价标准		得分
						扣分项	否决项	
6.11 路基工程(60分)	6.11.2 路基施工(30分)	6.11.2.3 施工机械及运输车辆应编号统一,休工时应摆放有序	机械设备应经进场验收后,实行统一编号,张贴管理铭牌,建立机械设备分类管理台账,规范维修及日常管理。 机械设备集中停放在安全区域,且摆放有序,进行必要的标识及防护	**查资料:** 查机械车辆台账。 **查现场:** 查机械车辆编号、摆放及标识	5	1. 无机械车辆台账,扣1分; 2. 施工机械及运输车辆未统一编号,扣1~2分; 3. 休工时摆放不整齐或车辆标识牌不清晰,扣2分		
		6.11.2.4 项目经理部应对改扩建工程施工项目制定交通保畅方案。施工现场应设置必要的隔离或防护等临时设施,应摆放有效的交通疏导、限速、照明、安全警示等标志	改扩建工程必须编制交通保畅施工方案,报当地交通主管部门审批后实施,实施前应进行相关告知,并对作业人员进行技术交底。	**查资料:** 查交通保畅方案及审批记录、技术交底内容及记录。 **查现场:** 1. 查现场安全防护设施、警示标志; 2. 查对交通安全设施的检查记录	8 ★★★	1. 交通保畅方案编制审批应符合要求并对作业人员进行技术交底; 2. 现场隔离、交通疏导、限制、照明、安全警示标志应按方案实施		

续上表

评价类目	评价项目		释义	评价方法	标准分值	评价标准		得分
						扣分项	否决项	
6.11 路基工程（60分）	6.11.2 路基施工（30分）		不中断交通进行公路改扩建工程施工应按照《道路作业交通安全标识》（GA 182—2014）、《道路交通标识和标线》（GB 5768—2009）、《公路养护安全作业规程》（JTG H30—2015）和交通组织方案设置作业控制区，定期对交通安全设施进行检查和维护。 改扩建工程通车路段的路面应保持清洁。施工路段两端及沿线进出口处应摆放有效的交通疏导、限速、照明、安全警示等标识。					

续上表

评价类目	评价项目		释义	评价方法	标准分值	评价标准		得分
						扣分项	否决项	
6.11 路基工程 (60分)	6.11.2 路基施工 (30分)		爆破作业前应临时中断交通。爆破后应立即清理道路上的土、石,检修公路设施。应确认达到行车条件后开放交通。 半幅施工作业区与车行道之间应设置隔离设施。安排专人并配备必要的通信设备进行交通指挥,疏导车辆。弯道顶点附近不宜堆放物料、机具。 作业人员应穿着反光服,佩戴贴有反光带的安全帽。在施工区域应设昼夜醒目的照明设施及警示标识					

续上表

<table>
<tr><th rowspan="2">评价类目</th><th rowspan="2">评价项目</th><th rowspan="2">释义</th><th rowspan="2">评价方法</th><th rowspan="2">标准分值</th><th colspan="2">评价标准</th><th rowspan="2">得分</th></tr>
<tr><th>扣分项</th><th>否决项</th></tr>
<tr><td rowspan="2">6.12
路面工程
(40 分)</td><td>6.12.1 施工区域应实行交通导改</td><td>拌和站、料场、施工现场进出口以及沿线各交叉口等处应设明显警示、警告标识,并应设专人指挥。
摊铺作业面应临时封闭交通、设明显警示标识,各类检查井口应稳固封盖,辅助作业人员应面向压路机方向作业,设备之间应保持安全距离。
碾压区内人员不得进入,确需人员进入的应安排专人监护。
作业机械统一编号、统一管理</td><td>查资料:
1. 查交通管制专项方案;
2. 查施工车辆进出通行证管理制度。
查现场:
现场查看施工区域进出口是否实行交通导改</td><td>15</td><td>1. 未编制交通导改方案和交底的,扣 5 分;
2. 施工区域未按方案实行交通导改的,扣 6～10 分;
3. 施工区域的设施及标识设置不到位,扣 2～4 分;
4. 导改区、段无人员值守,扣 1～3 分</td><td></td><td></td></tr>
<tr><td>6.12.2 工程施工车辆不得违规载人</td><td>项目经理部应使用通勤车辆运送作业人员,严禁施工车辆违规载人</td><td>查现场:
现场查验工程车辆是否违规载人。
询问:
问作业人员上下班及现场交通方式</td><td>10
★★★</td><td>工程施工车辆不违规载送人员</td><td></td><td></td></tr>
</table>

续上表

评价类目	评价项目	释义	评价方法	标准分值	评价标准		得分
					扣分项	否决项	
6.12 路面工程（40分）	6.12.3 路面摊铺机、压实机械等设备夜间停放应有反光警示装置	机械设备停放场地应平整，设备停放整齐，并具有防污染措施。停放区周围应设置明显的警示标识及反光标识，防止交通事故	**查现场：** 查看现场机械设备夜间停放反光警示装置	5	路面摊铺机、压实机械等设备无夜间反光警示装置，扣2～5分		
	6.12.4 摊铺施工期应按规定配置专职安全员	由于摊铺现场施工机械及人员相对集中，工序相互交叉，作业安全风险突出，每个摊铺作业现场应配置专职安全员，负责协调、监督施工安全	**查资料：** 查专职安全员配备文件、人员证件。 **查现场：** 现场查验安全员工作情况	10	1. 摊铺施工现场无专职安全员，扣10分； 2. 专职安全管理人员配备不足扣2～5分； 3. 摊铺施工现场专职安全员无证的扣5分		

续上表

评价类目	评价项目		释义	评价方法	标准分值	评价标准		得分
						扣分项	否决项	
6.13 施工船舶及临时电缆（70分）	6.13.1 施工船舶（50分）	6.13.1.1 施工船舶的证书应齐全。施工船舶按规定配备的消防、通信、救生、堵漏、锚缆和安全警示设施等设备应符合相关规定、安全有效。施工船舶应按相关规定配备持证船员	施工船舶的各类有效的证书包括：船舶国籍证书、最低安全配员证书和船舶检验证书等。施工船舶应满足最低安全配员和定人、定机的要求。施工船舶、机械设备的技术状态应良好。安全保护装置及监测仪表、报警装置等应齐全、有效。应按规定配备有效的通讯、消防、救生、堵漏设备，制定各项安全技术措施及应急预案，并定期进行演练。施工船舶的梯口、应急场所等应设有醒目的安全警示标志或标识。楼梯、走廊、通道应保持畅通。施工船舶的各种设备、设施、安全装置及工索具等应定期进行检查、维护或更换。上下船舶应安设跳板，张挂安全网。使用软梯上下船舶应设专人监护，并备有带安全绳的救生圈	**查资料：** 1. 查船舶证书、人员证件； 2. 查消防、通信、救生、堵漏、锚缆、围护等相关设备设施日常检查记录。 **查现场：** 查消防、通信、救生、堵漏、锚缆、围护等相关设备设施配备	10 ★★★	1. 船舶证书证件应齐全、有效； 2. 船员数量配备满足要求，持证上岗； 3. 施工船舶的消防、通信、救生、堵漏、锚缆和安全警示设施应符合安全要求，定期进行检查或维护，记录齐全		

续上表

评价类目	评价项目		释义	评价方法	标准分值	评价标准		得分
						扣分项	否决项	
6.13 施工船舶及临时电缆（70分）	6.13.1 施工船舶（50分）	6.13.1.2 陆用施工机械上驳船组合作业应制定专项施工方案，并应附具船舶稳性和机构强度验算结果	陆用施工机械上驳船组合作业属施工作业中人为采取的施工工艺，施工机械在驳船上作业时与陆地施工有明显不同，在驳船上作业时可能对船舶的稳性、吃水深度、机构强度造成影响，为安全起见，必须制定专项的施工方案，对陆用施工机械上驳船组合进行稳性、机构强度进行计算，并将计算书作为专项施工方案的附件	**查资料：** 查专项施工方案，查船舶稳性和机构强度验算书。 **查现场：** 根据方案与现场对比检查	10 ★★★	1. 陆用施工机械上驳船组合作业专项施工方案编制审批应符合要求； 2. 船舶稳性和机构强度应有验算书，验算结果合格		

续上表

评价类目	评价项目		释　义	评价方法	标准分值	评价标准		得分
						扣分项	否决项	
6.13 施工船舶及临时电缆（70分）	6.13.1 施工船舶（50分）	6.13.1.3　船舶应在核定航区或作业水域内作业	航区划分为以下4类： 1. 远海航区：系指国内航行超出近海航区的海域； 2. 近海航区：系指中国渤海、黄海及东海距岸不超过200n milc的海域；台湾海峡；南海距岸不超过120n mile（台湾岛东海岸、海南岛东海岸及南海岸距岸不超过50n mile）的海域； 3. 沿海航区：系指台湾岛东海岸、台湾海峡东西海岸、海南岛东海岸及南海岸距岸不超过10n mile的海域和除上述海域外距岸不超过20n mile的海域；距有避风条件且有施救能力的沿海岛屿不超过20n mile的海域；	**查资料：** 查作业任务书或工作派遣单。 **查现场：** 查验现场作业区域情况	8	1. 无作业任务书或工作派遣单，扣4分； 2. 船舶未在核定航区或作业水域内作业，每发现一只，扣2分，扣完为止		

续上表

评价类目	评价项目		释　义	评价方法	标准分值	评价标准		得分
						扣分项	否决项	
6.13 施工船舶及临时电缆（70分）	6.13.1 施工船舶（50分）		4. 遮蔽航区：系指在沿海航区内，由海岸与岛屿、岛屿与岛屿围成的遮蔽条件较好、波浪较小的海域。在该海域内岛屿之间、岛屿与海岸之间的横跨距离应不超过10n mile。 根据《船舶与海上设施法定检验规则》的相关规定，施工船舶必须在核定航区或作业水域内施工，避免船舶不适其他航区的自然风浪及航道等条件而造成事故					

续上表

评价类目	评价项目		释义	评价方法	标准分值	评价标准		得分
						扣分项	否决项	
6.13 施工船舶及临时电缆（70分）	6.13.1 施工船舶（50分）	6.13.1.4 船舶不得在未成型的码头、墩台或其他构筑物上系挂缆绳，不得超载或偏载	《水运工程施工安全防护技术规范》（JTS 205-1—2008）规定：船舶不得在未成型的码头、墩台或其他构筑物上系挂缆绳，不得超载或偏载。船舶系挂缆绳时，应系挂在专用的系缆柱或地锚上，并设置安全警示标志或防护装置。船舶在装运或卸载时，应按照设计的装船图或卸船图进行，严禁船舶超载或偏载	**查资料：** 查船舶系挂缆绳的构筑物相关资料。 **查现场：** 1. 根据装船图或卸船图现场对比船舶实际情况； 2. 现场核实船舶系挂缆绳的构筑物情况； 3. 现场核查装运或卸载作业是否满足装船图或卸船图要求	8	1. 在未成型的码头、墩台或其他构筑物上系挂缆绳，扣4~6分； 2. 船舶超载或偏载，扣1~4分		

续上表

评价类目	评价项目		释义	评价方法	标准分值	评价标准		得分
						扣分项	否决项	
6.13 施工船舶及临时电缆(70分)	6.13.1 施工船舶(50分)	6.13.1.5 船舶不得在超过核定航行和作业条件的情况下作业	《船舶与海上设施法定检验规则》规定:施工船舶必须在核定航区或作业水域内施工。超过核定航行区域往往因船舶本身的性能发生事故,或因作业条件恶劣而造成船舶海损事故	**查资料:** 查作业派遣单或任务单。 **查现场:** 查现场作业区警示标识	7	1. 作业派遣单或施工任务单中未明确航行和作业条件,扣1~2分; 2. 船舶超过核定航行和作业条件的情况下作业,扣3~5分; 3. 作业区未设置警示标识,扣1~2分		
		6.13.1.6 交通船应持证运营并配备救生设备,不得超载	交通船是水上交通运输的自航式专用船,应取得海事部门颁发的相关证书,按照载人标准,严禁超载、超员,并配备足量的救生设备	**查资料:** 查运营证书、复审证明。 **查现场:** 1. 现场查验装载情况; 2. 查救生设备配备情况	7	1. 无证运营或运营证书失效,扣7分; 2. 救生设备配置不足,扣3~5分; 3. 每超载一人扣1分,扣完为止		

续上表

评价类目	评价项目		释义	评价方法	标准分值	评价标准		得分
						扣分项	否决项	
6.13 施工船舶及临时电缆（70分）	6.13.2 临时电缆敷设（20分）	6.13.2.1 临时电缆线不得布设在船舶进出航道、抛锚区和锚缆摆动区	施工岸电通往水上的线路，应用绝缘物架设，导线长度应留有余量，不得挤压电缆线。船舶进出的航行通道、抛锚区和锚缆摆动区，严禁架设或布设临时电缆线，抛锚应根据风向、潮流、水底土质等确定抛出锚缆长度和位置，并应避开水下电缆、管道、构筑物和禁止抛锚区	**查资料：** 查电缆施工图中电缆布设情况。 **查现场：** 查临时电缆是否布设在船舶进出航道、抛锚区和锚缆摆动区	10	1. 无临时电缆布设图，扣3分； 2. 现场电缆布设在进出航道区、抛锚区、锚缆摆动区，每发现一处扣4分，扣完为止； 3. 电缆线布设处无昼夜间醒目标识，扣1～2分		
		6.13.2.2 水上或潮湿地带作业的施工电缆应绝缘良好且具有防水功能，接头部分应进行防水处理	水上施工使用岸电时，其配电线路及电气设备应符合三相五线制的规定，并应设置专用配电箱。施工电气设备必须绝缘良好，并具有防水功能，接头处必须做防水处理，并进行架设	**查资料：** 查临时用电方案。 **查现场：** 查各级电缆、电器元件、电缆接头是否满足防水、防潮要求	10	1. 未制定临时用电方案，扣2分； 2. 电缆无防水功能或绝缘性能差，扣10分； 3. 电缆接头不满足防水、防潮要求，每发现一处扣1分，扣完为止		

续上表

评价类目	评价项目		释义	评价方法	标准分值	评价标准		得分
						扣分项	否决项	
6.14 码头工程或通航建筑物(130分)	6.14.1 打入桩基施工(30分)	6.14.1.1 桩基施工的沉桩区域应设置明显的安全警示标志	桩基作业区内坑洞较多,临水作业较多,危险源众多,必须设置明显的安全警示标志,要求非工作人员或非作业船舶不得进入桩基作业区	**查资料:** 查桩基施工技术交底内容、安全保证措施。 **查现场:** 现场查验围护措施、警示标识	5	1. 桩基施工技术交底中无安全保证措施,扣2分; 2. 沉桩区域未设置围护措施、警示标识或设置不规范,扣1~3分		
		6.14.1.2 施工现场作业前应对沉桩设备、安全装置进行检查	打桩船应满足施工作业对稳定性的要求。 打桩船的桩架及吊钩等应满足吊重要求,并应具有足够的架高。 作业前应对沉桩设备、安全装置进行检查,确保其处于良好状态。打桩架上的活动物件应放稳、系牢。架上的工作平台应设有安全护栏和防滑装置。 桩架底部两侧悬臂跳板的强度和刚度应满足作业要求。跳板的移动和封固装置应灵活、牢固、有效	**查资料:** 1. 查打桩施工方案、交底; 2. 查作业前安全检查记录。 **查现场:** 现场查看沉桩设备、安全装置的状态情况	10	1. 打桩施工方案、交底不具体,扣1~4分; 2. 作业前对沉桩设备、安全装置未检查或检查不全面,扣1~4分; 3. 无检查记录,扣1~2分		

续上表

评价类目	评价项目		释义	评价方法	标准分值	评价标准		得分
						扣分项	否决项	
6.14 码头工程或通航建筑物（130分）	6.14.1 打入桩基施工（30分）	6.14.1.3 水上沉桩前应进行水下探查，应清除水下障碍物，并应按规定削坡	沉桩作业前应对施工现场进行踏勘，并制定对邻近建筑物、管线、岸坡、围堰等的沉降位移监测方案。 水上施工前应进行水深测量，并清除水下障碍物。 复测岸坡地形，必要时进行岸坡稳定分析。检查沉桩区附近建筑物和沉桩施工有无相互影响，沉桩过程中应观测岸坡及邻近建筑物位移和沉降，并做好记录	**查资料：** 查水下现状平面图，查监控测量记录、岸坡稳定性分析材料。 **查现场：** 现场查看沉桩区域附近建筑物及地形情况	5	1. 水上沉桩作业前未进行水下探查，扣5分； 2. 水下现状平面图绘制不清晰、不明确，扣1～2分； 3. 无量测记录或无水下障碍物清理工作记录，扣1～2分； 4. 未按规定削坡，扣3分		

续上表

评价类目	评价项目		释义	评价方法	标准分值	评价标准		得分
						扣分项	否决项	
6.14 码头工程或通航建筑物(130分)	6.14.1 打入桩基施工(30分)	6.14.1.4 吊桩绳扣、滑车、索具等应经计算后选用	《水运工程施工安全防护技术规范》(JTS 205-1—2008)规定:吊桩绳扣、滑车、索具等应经计算后选用,沉桩设备所用的沉桩器具、钢丝绳等均应经计算后选用,确保施工时的作业安全	**查资料:** 查吊桩绳扣、滑车、索具、钢丝绳等计算书,查使用前选用记录。 **查现场:** 现场查验吊桩绳扣、滑车、索具等是否符合计算书要求	5	1. 吊桩绳扣、滑车、索具等无计算书,缺少一项扣1分,最多扣3分; 2. 吊桩绳扣、滑车、索具等无产品合格证书或无检测合格资料,扣0.5~2分; 3. 现场吊桩绳扣、滑车、索具等与计算书不符,每发现一处扣1分,扣完为止		
		6.14.1.5 陆域沉桩后,低于地面的桩孔或不高于地面0.8m的管桩应设置安全护栏或盖板,并应设置安全警示标识	陆域沉桩后,低于地面的桩孔应设置盖板,防止人员跌落或绊倒;高于地面0.8m的管桩应设置护栏,防止碰撞。 在已沉入的桩位处设置明显标志,夜间挂警示灯。 严禁在已沉入的桩上系缆,应防止锚缆绊桩	**查资料:** 查沉桩作业技术交底中安全保证措施。 **查现场:** 现场查验防护措施及警示标识	5	1. 沉桩作业技术交底中未明确管桩或桩孔安全保证措施,扣2分; 2. 低于地面的桩孔或不高于地面0.8m的管桩未设置安全护栏或盖板,每发现一处扣1分,扣完为止; 3. 管桩或桩孔防护措施或警示标识不到位,扣1~5分		

续上表

评价类目	评价项目		释义	评价方法	标准分值	评价标准		得分
						扣分项	否决项	
6.14 码头工程或通航建筑物(130分)	6.14.2 沉箱出运与安装(40分)	6.14.2.1 沉箱浮运拖带前应按相关规定进行漂浮试验,拖带中,沉箱顶部应设置航行标志	沉箱拖带前应对航线进行调查,制定航行计划,掌握本次航行区间的中长期水文气象预报资料。拖带前应进行漂浮试验,确定拖带时的相关参数,拖带过程中,沉箱顶部应按规定设置号灯、号型,其高度不得低于2.5m,且应明显、牢固,并有专人监测监护	**查资料:** 1.沉箱浮运拖带专项施工方案; 2.查漂浮试验及检查记录。 **查现场:** 现场查验沉箱浮运拖带过程中安全防护情况及航行标志	8	1.未制定沉箱浮运拖带专项施工方案和安全措施或未经审批的,扣2分; 2.未做漂浮试验,扣4分; 3.漂浮试验记录不全的,扣1~2分; 4.沉箱顶部无航行标志,扣2分		

续上表

评价类目	评价项目		释义	评价方法	标准分值	评价标准		得分
						扣分项	否决项	
6.14 码头工程或通航建筑物(130分)	6.14.2 沉箱出运与安装(40分)	6.14.2.2 沉箱吃水、压载和浮游稳定应按相关规范进行验算,并应满足安全要求	拖运沉箱应根据拖力计算和水域情况,选用足够功率并有收放拖缆设施的拖轮。启航后,沉箱上不得载人。沉箱的拖曳点可采用预埋拖环或围缆。拖环、围缆、拖缆、索具的规格应满足安全拖带要求。拖环及围缆悬吊的位置,应经计算确定。在沉箱拖航方向的外侧应标绘明显的吃水线。航行中,应随时观察沉箱吃水变化,并做好记录。如有异常,应迅速采取措施	**查资料:** 查验算书及验算书审批记录。 **查现场:** 现场查验沉箱拖曳点、吃水线等设置情况	8	1. 沉箱吃水、压载、浮游稳定无验算书,每缺一项扣3分,扣完为止; 2. 验算书未审批或审批签字不全,扣1~3分; 3. 现场沉箱未设置拖拽点或吃水线,扣1分		

续上表

评价类目	评价项目		释义	评价方法	标准分值	评价标准		得分
						扣分项	否决项	
6.14 码头工程或通航建筑物（130分）	6.14.2 沉箱出运与安装（40分）	6.14.2.3 沉箱移运前应对气囊额定工作压力、牵引设施、移运通道等进行检查或试验，应按相关规定划定作业区、设置安全警戒线	利用气囊顶升构件或拆、垫支座时，施工人员不得进入构件底部作业。陆上气囊移运构件的前后牵引系统应配置同型号的卷扬机，牵引速度宜为1.2～1.5m/min，且应同步作业。移运中，钢丝绳两侧不得站人，并不得跨越行走。距气囊移运作业区周边20m处应设置安全警戒线，无关人员不得进入施工现场。 前后牵引系统、锚定设施、高压气囊等应进行受力核算。机械设备、制动系统、限位装置、通信设备等应进行检查、维修。	**查资料：** 1.查检查或检验记录； 2.查专项施工方案、安全措施。 **查现场：** 沉箱移运作业现场安全防护情况	15 ★★★	1.沉箱移运前应进行安全检查与试验，检查内容符合要求并建立记录； 2.现场应根据施工需要划定作业区域、设置安全警戒线		

续上表

评价类目	评价项目		释义	评价方法	标准分值	评价标准		得分
						扣分项	否决项	
6.14 码头工程或通航建筑物(130分)	6.14.2 沉箱出运与安装(40分)		气囊移运构件的通道应坚实、平整,不得有尖锐物及障碍物。地基承载力应满足施工荷载的要求。通道的坡度不宜大于2%。 气囊使用前,应对额定工作压力进行充气检验。气囊实际承受的载荷,应小于额定工作压力。 气囊充气或放气应同步、缓慢进行,避免部分气囊超过额定压力。作业人员不得站在空压机输气管口或气囊充气嘴前方					

续上表

评价类目	评价项目		释义	评价方法	标准分值	评价标准		得分
						扣分项	否决项	
6.14 码头工程或通航建筑物(130分)	6.14.2 沉箱出运与安装(40分)	6.14.2.4 半潜驳下潜、沉箱起浮时,风力、波高、流速等工况条件应满足半潜驳作业性能和沉箱起浮的安全要求	半潜驳应根据水文气象条件抛锚驻位。下潜水域应满足下潜深度要求。 下潜或起浮应统一指挥,密切配合,协调一致。 下潜时的风力、波高和流速等不得超过该船的作业技术性能指标。 下潜至起浮物即将处于漂浮状态时应控制好起浮物的控制缆绳。 起浮物移出半潜驳应根据风浪、水流及起浮物的牵引方式,缓慢放松控制缆绳,不得撞击半潜驳	**查资料:** 1. 查专项施工方案和安全措施,审批手续; 2. 查下潜、起浮时作业过程检查记录。 **查现场:** 1. 现场查看半潜驳下潜、沉箱起浮时的水力工况; 2. 现场查看控制缆绳的安全状况	9	1. 无半潜驳下潜、沉箱起浮施工方案和安全措施的,扣3分; 2. 方案或措施未审批,扣1~3分; 3. 无半潜驳下潜、沉箱起浮时锋利、波高、流速等工况条件的记录或量测资料,扣3~6分; 4. 无下潜、起浮检查记录,扣1~2分		

续上表

<table>
<tr><th rowspan="2">评价类目</th><th rowspan="2" colspan="2">评价项目</th><th rowspan="2">释义</th><th rowspan="2">评价方法</th><th rowspan="2">标准分值</th><th colspan="2">评价标准</th><th rowspan="2">得分</th></tr>
<tr><th>扣分项</th><th>否决项</th></tr>
<tr><td rowspan="2">6.14 码头工程或通航建筑物（130分）</td><td rowspan="2">6.14.3 水上水下作业（25分）</td><td>6.14.3.1　作业平台搭设应进行安全验算，并应定期检查维护</td><td>水上施工作业平台搭设应进行计算，确保作业平台的稳定性，并做好临水临边的安全防护措施，相应的人行通道、上下扶梯、结构焊接应牢固，并定期进行检查维护</td><td>查资料：
1. 查专项施工方案、安全验算书；
2. 检查维护记录。
查现场：
现场查验作业平台搭设情况</td><td>10
★★★</td><td>1. 作业平台应进行安全验算，验算结果合格；
2. 作业平台使用前应经验收合格；
3. 现场应建立作业平台日常检查记录和维护记录</td><td></td><td></td></tr>
<tr><td>6.14.3.2　水上人行通道的设置应符合相关规定</td><td>水上人行通道应符合安全要求，有专门受力计算，通道应平整，有防滑措施，并在通道两侧设置防护栏杆，并配置相应数量救生圈和消防设备</td><td>查资料：
1. 查设计文件及验收资料；
2. 定期维修记录。
查现场：
现场查验水上人行通道设置情况</td><td>10
★★</td><td>1. 水上人行通道未专门设计和验算，扣3～6分；
2. 人行通道有安全隐患，每处扣1分，扣完为止；
3. 搭设完成后无验收记录，扣3分；
4. 无定期维修记录，扣2分</td><td></td><td></td></tr>
</table>

续上表

评价类目	评价项目		释义	评价方法	标准分值	评价标准		得分
						扣分项	否决项	
6.14 码头工程或通航建筑物（130分）	6.14.3 水上水下作业（25分）	6.14.3.3 潜水员应持证上岗，潜水作业应有专人指挥	从事潜水作业的人员，必须持有有效潜水员资格证书。通风式重装潜水作业组，应由指挥员、潜水员、电话员、收放供气管线人员和空压机操作人员组成	**查资料：** 1. 查特种作业人员台账、潜水员证件； 2. 查潜水作业日志。 **查现场：** 1. 现场查验潜水员持证上岗情况； 2. 查验潜水作业现场管理	5	1. 潜水员无证件或证件无效，每发现一人扣1分； 2. 现场作业无专人指挥，扣1分； 3. 潜水作业日志记录不全，扣1分		
	6.14.4 水上构件吊装（35分）	6.14.4.1 施工现场应按审批过的方案施工，现场应有专人指挥	吊装作业应按照施工方案进行，作业时应明确作业人员分工，专人指挥，统一指挥信号，严禁多人指挥。大型吊装施工时应设置警戒区，警戒区设置应考虑起重船舶吊装过程中的移动范围，附近施工船舶对其影响等因素。并安排专船进行警戒，吊装应设置安全警示标识，禁止人员及船舶等在吊物下通过或停留	**查资料：** 查水上构件吊装专项方案、技术交底。 **查现场：** 现场查验水上构件吊装安全措施及现场管理情况	10	1. 未制定吊装作业专项施工方案，扣3分； 2. 方案未审批，扣2分； 3. 未按审批过的方案施工，扣4分； 4. 现场作业时无专人指挥，扣2分		

续上表

评价类目	评价项目		释义	评价方法	标准分值	评价标准		得分
						扣分项	否决项	
6.14 码头工程或通航建筑物（130分）	6.14.4 水上构件吊装（35分）	6.14.4.2 吊装使用的钢丝绳应安全可靠，磨损、断丝不得超标	起重吊装所使用的钢丝绳及索具，必须有具备生产资质的制造厂商提供的出厂合格证和材质证明。 起重绳索必须进行受力计算，索具、滑车等必须根据计算结果合理选配。吊装前，必须对其进行检查。 陆用或船用机械设备所使用钢丝绳的安全系数，应符合设备规格书或说明书的规定。起重吊装前，应检查钢丝绳及其连接部位，当钢丝绳达到《起重机用钢丝绳检验和报废实用规范》（GB/T 5972—2016）要求的报废标准时，应予报废	**查资料：** 查对钢丝绳及索具的检测或检查记录。 **查现场：** 现场查验钢丝绳及索具是否符合安全使用要求，外观是否存在磨损、断丝超标等现象	10	1. 使用的钢丝绳及索具不符合安全要求，扣4分； 2. 未对钢丝绳及索具进行检测或检查，扣4分； 3. 检查记录不齐全，扣1～2分		

续上表

评价类目	评价项目		释　义	评价方法	标准分值	评价标准		得分
						扣分项	否决项	
6.14 码头工程或通航建筑物（130分）	6.14.4 水上构件吊装（35分）	6.14.4.3　起重设备的基础、轨道固定应符合安全要求，保险、限位等装置应齐全有效	起重设备的基础、轨道在施工完成后，应进行验收，合格后方可投入使用，起重设备的各类限制器、指示器、报警装置应符合《起重机械安全规程》（GB 6067.1—2010）的规定，保持正常的工作状态	**查资料：** 1. 查施工图纸、受力计算书，设备技术档案资料； 2. 查过程检查验收记录。 **查现场：** 现场查验起重设备基础、轨道、保险、限位装置安全情况	10	1. 起重设备基础、轨道固定无施工方案和技术交底，扣5分； 2. 基础、轨道固定与方案不符且不满足安全要求，扣2分； 3. 保险、限位等装置不全、失效扣2分； 4. 无起重设备检查验收记录或记录不全，扣2～4分		
		6.14.4.4　构件吊装就位后应及时进行稳固	构件安装后应及时采取加固措施进行稳固，需调整块体位置时应采取可靠的安全防护措施。构件安装后，施工现场的临水临边、坑、洞、沟等处，应设置有效防护设施和明显的安全警示标志。在已安装的或临时存放的构件顶部设置高潮位时不被水淹没的安全警示标志及警示灯	**查资料：** 查看构件吊装就位后对其稳固性的验收记录。 **查现场：** 1. 现场查验构件稳固性措施； 2. 现场查验构件防护设施和安全警示标志	5	1. 无构件吊装稳固性验收记录或记录不全，扣1～2分； 2. 构件吊装就位后未采取稳固性措施，扣1～2分； 3. 现场未设置有效的防护设施和安全警示标志及警示灯，扣1分		

续上表

评价类目	评价项目		释义	评价方法	标准分值	评价标准		得分
						扣分项	否决项	
6.15 航道工程（100分）	6.15.1 爆破作业（40分）	6.15.1.1 从事爆破工程的施工单位及爆破作业人员应具有相应的爆破资质证书、作业许可证及资格证书	爆破施工企业应取得“爆破施工企业资质证书”，或在其施工资质证书中标有爆破施工内容。该证书应标明允许承接爆破工程的范围和等级，资质未标明者只能从事一般岩土爆破。 从事爆破施工的企业，应设有爆破工作领导人、爆破工程技术人员、爆破段（班）长、安全员、爆破员；应持有由县级以上（含县级，下同）公安机关颁发的“爆炸物品使用许可证”；设立爆破器材库的，还应设有爆破器材库主任、保管员、押运员，并持有县级以上的公安机关签发的“爆炸物品安全贮存许可证”。	**查资料：** 查爆破施工单位及爆破作业人员的爆破资质证书、作业许可证及资格证书。 **查现场：** 现场核对爆破作业人员是否持证上岗	15 ★★★	1. 爆破作业单位及人员应具有爆破资质证、爆破物品使用许可证、爆破作业许可证、贮存许可证等证书，证书真实、有效； 2. 应建立爆破员、安全员等人员信息台账		

续上表

评价类目	评价项目		释义	评价方法	标准分值	评价标准		得分
						扣分项	否决项	
6.15 航道工程（100分）	6.15.1 爆破作业（40分）		爆破作业必须由经过专业培训并取得爆破证书的专业人员施爆，禁止非爆破专业人员进行爆破作业					
		6.15.1.2　爆破工程施工应得到有关部门批准	爆破工程开工前，施工组织设计要经上级主管部门批准，办理爆破施工许可证，经有关部门批准后方可施工。购置爆破器材，应经公安机关或有关部门审批后到指定地点购置，并按有关规定运输，专人押运。严禁爆破器材与其他物品混运或搭乘其他人员	**查资料：** 查爆破施工专项施工方案及审批手续，爆破施工许可证。 **查现场：** 核查是否将相关审批文件在现场复印张贴	15 ★★★	1. 应编制爆破专项施工方案并经有关部门审批； 2. 爆破作业应有爆破施工许可证		

续上表

评价类目	评价项目		释义	评价方法	标准分值	评价标准		得分
						扣分项	否决项	
6.15 航道工程(100分)	6.15.1 爆破作业(40分)	6.15.1.3 施工现场采用钻孔爆破船施工时,临时存放的炸药和雷管应分仓放置,并专人监管	临时存放的炸药和雷管必须分仓存放,并采取固定措施,配置专人进行监管和检查,确保炸药、雷管的稳定,防止炸药和雷管混放时由于碰撞造成爆炸事故	**查资料:** 查仓库存放记录。 **查现场:** 现场查验炸药和雷管临时存放是否符合要求	10	1. 炸药和雷管仓库未分仓设置,扣8分; 2. 炸药和雷管仓库分仓设置时,雷管、炸药临时存放数量超过规定的临界值的,扣5分; 3. 炸药和雷管仓库分仓设置时,未设专人监管,扣3分		
	6.15.2 水上抛石以及沉排铺排、充砂袋作业(40分)	6.15.2.1 施工现场抛石后或船舶在拖航过程中,应对施工机械进行封固	船舶在拖航过程中,应对挖掘机、装载机等进行封固,并将铲斗收回、平放、封固于甲板上,防止船舶航行过程中,机械设备晃动或移动,甚至倾翻	**查资料:** 1. 查施工技术交底; 2. 查封固后的检查、验收记录。 **查资料:** 现场查验拖航过程中施工机械封固情况	15 ★★★	1. 应对施工机械封固进行技术交底; 2. 抛石后或船舶拖航中及时封固; 3. 进行检查验收,并建立记录		

续上表

评价类目	评价项目		释义	评价方法	标准分值	评价标准		得分
						扣分项	否决项	
6.15 航道工程（100分）	6.15.2 水上抛石以及沉排铺排、充砂袋作业（40分）	6.15.2.2　铺排船上的起重设备吊装及展开排布应有专人指挥，沉排、铺排应按相关规定作业	铺排船上的起重设备吊装及展开排布应有专人指挥，统一协调，卷排时，排布上、滚筒和制动器周围不得站人。吊运混凝土联锁块排体时，应使用专用吊架，排体与吊架连接应牢固。吊放排体过程中应使用控制绳控制其摆动，吊起的排体降至距甲板面1m左右时，施工人员方可对排体进行定位	**查资料：** 1.查专项施工方案； 2.查铺排的起重设备和指挥、作业人员证件。 **查现场：** 现场查验起重吊装、沉排、铺排作业是否按相关规定作业	15	1.未编制吊装专项施工方案的，扣3分； 2.未对作业人员进行施工交底的，每发现1人扣1分，最多扣10分； 3.铺排船上起重设备吊装、排布等施工无专人指挥，扣3～5分； 4.起重吊装和指挥人员未持相应证件或证件失效，每发现一人扣1分，最多扣5分； 5.沉排、铺排作业不符合相关规定要求，扣1～3分； 6.吊装现场无围护设施及相关警示标识，扣1～2分		

续上表

<table>
<tr><th rowspan="2">评价类目</th><th colspan="2" rowspan="2">评价项目</th><th rowspan="2">释义</th><th rowspan="2">评价方法</th><th rowspan="2">标准分值</th><th colspan="2">评价标准</th><th rowspan="2">得分</th></tr>
<tr><th>扣分项</th><th>否决项</th></tr>
<tr><td>6.15
航道工程
(100分)</td><td>6.15.2
水上抛石以及沉排铺排、充砂袋作业
(40分)</td><td>6.15.2.3 砂袋或砂枕沉放前,应检查沉放架的制动装置</td><td>充砂袋或砂枕沉放前,应检查沉放架的制动装置。电器设备应设专人操控。水上抛放充砂袋或砂枕时,船上的活动物件应固定,作业人员不得站在船舶舷边。充砂泵或高压水泵的吸头,应采用支架、滑车和绳索吊设。升降吸头时,不得直接提拽泵体电缆</td><td>查资料:
1. 查沉放作业技术交底;
2. 查砂袋或砂枕沉放前对沉放架的制动装置、滑车、缆索等有关设备性能的安全检查记录。
查现场:
现场查验沉放架制作装置是否正常工作</td><td>10</td><td>1. 沉放作业前未进行技术交底的,扣2分;
2. 砂袋或砂枕沉放前,未按要求检查沉放架的制动装置,扣2分;
3. 检查无记录或记录不全,扣1~2分;
4. 制动装置失效,扣4分</td><td></td><td></td></tr>
</table>

续上表

<table>
<tr><th rowspan="2">评价类目</th><th colspan="2" rowspan="2">评价项目</th><th rowspan="2">释　义</th><th rowspan="2">评价方法</th><th rowspan="2">标准分值</th><th colspan="2">评价标准</th><th rowspan="2">得分</th></tr>
<tr><th>扣分项</th><th>否决项</th></tr>
<tr><td rowspan="2">6.15 航道工程（100分）</td><td rowspan="2">6.15.3 耙吸船及绞吸船放射源的管理（20分）</td><td>6.15.3.1　放射源测量装置的存储及使用应符合相关规定，其使用记录应保留完整</td><td>放射源测量装置应由专人负责存储和使用管理，符合《放射性同位素与射线装置安全和防护管理办法》的规定</td><td>查资料：
1.查放射源测量装置管理制度；
2.查使用记录、辐射监测记录。
查现场：
现场查验放射源测量装置的存储及使用是否符合要求</td><td>10</td><td>1.无放射源测量装置的存储及使用相关管理制度或办法，扣5分；
2.测量装置存储不符合规定扣4分；未设置警示标志，扣3分；
3.测量装置使用不符合规定，扣2～4分；
4.无使用记录扣3分，使用记录不完整，扣1～2分</td><td></td><td></td></tr>
<tr><td>6.15.3.2　放射源测量装置应检定有效。项目经理部应按相关规定对放射源测量装置定期自测</td><td>船舶上的放射源测量装置应定期进行检查、检测，检查或修理时，必须由有相应资质的厂家和专业人员进行</td><td>查资料：
1.查耙吸船和绞吸船的泥浆浓度伽马检测仪标定证书；
2.查检测仪的日常使用及检查记录。
查现场：
现场核查放射源的封固情况</td><td>10</td><td>1.放射源测量装置未检定或检定失效扣10分，检定不及时，扣5分；
2.放射源测量装置未定期自测，扣3～5分；
3.无日常检查记录，扣1～2分；
4.放射源未封固或封固不严密，扣3分</td><td></td><td></td></tr>
</table>

续上表

评价类目	评价项目		释义	评价方法	标准分值	评价标准		得分
						扣分项	否决项	
6.16 船舶调遣与避风 (100分)	6.16.1 船舶调遣 (50分)	6.16.1.1 项目经理部应制定调遣、拖航计划和应急预案,并应召开调遣会议,应掌握水文气象信息,确定开航时间,落实安全技术措施	船舶调遣、拖航前,调遣船舶应符合船舶法定检验规定的各项要求,并取得适拖证书。施工单位必须制定调遣、拖航计划和应急预案,明确调遣的时间、航行路线以及所需的时间等,提前掌握航行区域的水文、气象等信息,组织召开船舶调遣、拖航专题会议,对各船舶及人员进行技术交底,落实安全技术措施	**查资料:** 1. 查调遣船舶适拖证书; 2. 查调遣、拖航计划; 3. 查应急预案; 4. 查调遣会议记录; 5. 查技术交底记录	10 ★★	1. 调遣船舶未取得适拖证书,扣2分; 2. 调遣、拖航无计划扣3分,计划中无安全保证措施,扣2分,计划中未明确开航时间,扣1分; 3. 未制定应急预案扣4分,应急预案缺乏针对性,扣2~4分; 4. 调遣会议无会议记录,扣2分; 5. 未进行技术交底或技术交底记录不全,扣1~3分		

续上表

评价类目	评价项目		释义	评价方法	标准分值	评价标准		得分
						扣分项	否决项	
6.16 船舶调遣与避风（100分）	6.16.1 船舶调遣（50分）	6.16.1.2 船舶不宜在封冻水域进行长途调遣拖航	长途调遣、拖航应根据航线的水文、气象等信息，选择合理的季节进行，不宜在封冻水域进行长途调遣拖航	**查资料：** 1. 查调遣、拖航计划； 2. 查航行区域气象情况记录	8	1. 在封冻水域安排长途拖航的，扣1～4分； 2. 未执行拖航计划，擅自在封冻水域长途拖航的，扣1～4分		
		6.16.1.3 在封舱加固时，项目经理部应绘制物件摆放及封固图，并应对船舶稳性进行校核，对船龄较长、航程较远船舶的船体钢板应进行测厚检查	船舶调遣或航行前，封舱加固应绘制物件摆放及封固图，并进行船舶稳性校核，确保船舶正常荷载，不偏载，同时有利于卸船时顺利开封。船龄较长、航程较远的船舶在航行前应对船体钢板进行测厚检查，钢板小于一定厚度的船舶禁止远航	**查资料：** 1. 查物件摆放及封固图，船舶稳性校核材料； 2. 查船龄较长、航程较远船体钢板测厚检查结果。 **查现场：** 现场核查物件摆放和加固情况是否与图纸一致	6	1. 末绘制物件摆放及封固图的扣2分；封固图标识不准确的，扣1分； 2. 未进行船舶稳性校核扣2分；校核材料签字不齐全，扣1分； 3. 未对船龄较长、航程较远的船舶的船船体钢板进行测厚检查的，扣1分； 4. 船体钢板测厚结果显示不符合要求，但仍航行的，扣1分		

续上表

评价类目	评价项目		释义	评价方法	标准分值	评价标准		得分
						扣分项	否决项	
6.16 船舶调遣与避风(100分)	6.16.1 船舶调遣(50分)	6.16.1.4 起重、打桩、疏浚等施工船舶的吊臂、桩架、臂架和活动物件,应进行封固	全回转起重船的吊臂,应放在固定的托架上进行封固。封固时,不得在吊臂上直接施焊。 吊钩应放置在甲板上封固或在平台横梁上焊制专用吊点将其系锁牢固,吊钩钢索应收至受力。 全回转起重船、打桩船、铲斗或抓斗式挖泥船等的机身转动部分与甲板间应垫牢、封固。 具有定位钢桩的施工船舶应将钢桩卸下封固在甲板上或按使用说明书进行封固。伸出舷外的吊杆、跳板等均应收进船舷内固定。	**查资料:** 1. 查对起重、打桩、疏浚等施工船舶的吊臂、桩架、臂架和活动物件封固的技术交底; 2. 查封固检查验收记录。 **查现场:** 现场查验各类施工船舶吊臂、桩架、臂架和活动物件的封固情况	6 ★★★	1. 应对不同构件及活动物件的封固进行专门技术交底或明确不同的措施和要求; 2. 船舶调遣前,施工船舶上吊臂、桩架、臂架和活动物件应进行封固并进行检查验收,建立记录		

续上表

评价类目	评价项目		释义	评价方法	标准分值	评价标准		得分
						扣分项	否决项	
6.16 船舶调遣与避风(100分)	6.16.1 船舶调遣(50分)		绞吸、链斗式挖泥船的绞刀桥架、斗桥除应用钢缆或保险杠固定外,还应用斜撑焊接牢固。在封舱加固时,有推进器的被拖应将尾轴与主轴脱开,尾轴和舵应固定					
		6.16.1.5 桩锤、替打等应平放于甲板上,并应用枕木垫起,封焊应牢固	打桩船的桩锤、替打等应平放于甲板上,并用枕木垫起,封焊牢固。水文气象条件良好、短途调遣时,桩锤、替打宜降至桩架滑道下部进行封固,吊锤的钢索应收至受力状态	**查资料:** 1. 查桩锤、替打等物件、设备封固的技术交底; 2. 查检查验收记录。 **查现场:** 现场查验锤、替打等物件的封固情况及相关标识	6	1. 未进行封固交底和验收扣2分;验收记录不全,扣1分; 2. 桩锤、替打等未平放扣4分,封焊不牢固的,扣1~2分; 3. 未用枕木支垫或进行标识,扣1~2分		

续上表

评价类目	评价项目		释义	评价方法	标准分值	评价标准		得分
						扣分项	否决项	
6.16 船舶调遣与避风(100分)	6.16.1 船舶调遣(50分)	6.16.1.6 启航后,项目经理部应按拖航主管部门的要求报告船舶的航行动态,应实施24h值班制度	船舶启航后,项目经理部应及时报告拖航主管部门。拖航主管部门通过船舶定位系统、卫星电话等方式实时掌握船舶的航行状态及航行区域的水文信息,并建立24h值班制度,保持通信畅通,及时跟踪船舶实况。拖航期间,船舶至少每隔12h收听一次气象、海浪预报,并记录风力、风向、波高、波浪周期和48h的天气趋势。拖轮应与岸上基地保持24h通信联络,并定时报告船位、气象、海况、航速及航行情况	**查资料:** 1. 查项目经理部报告记录; 2. 查主管部门及拖轮的通信记录、值班记录	8 ★★★	1. 启航后,项目经理部应向拖船主管部门报告航行动态; 2. 项目经理部安排专人24h值班,填写值班记录		

续上表

评价类目	评价项目		释义	评价方法	标准分值	评价标准		得分
						扣分项	否决项	
6.16 船舶调遣与避风(100分)	6.16.1 船舶调遣(50分)	6.16.1.7　在调遣途中需避风锚泊时,拖船应及时报告原因及预计续航时间,并应按避风港的港章、港规和指定地点进港停船或锚泊	船舶在调遣途中需避风锚泊时,应及时报告锚泊的原因、航区内的海况信息以及预计的续航时间等,进港或锚泊时,应按照避风港或锚地的相关规定,进入指定地点	**查资料:** 1. 查调遣航行计划; 2. 查避风锚泊记录; 3. 查途中锚泊报告内容	6	1. 避风锚泊未及时报告原因及预计续航时间的,扣2分; 2. 进港或锚泊时,未按照避风港或锚地的相关规定,进港停船或锚泊的,扣2分; 3. 无避风锚泊记录或记录不全,扣1~2分		

续上表

评价类目	评价项目		释义	评价方法	标准分值	评价标准		得分
						扣分项	否决项	
6.16 船舶调遣与避风 (100分)	6.16.2 船舶避风 (50分)	6.16.2.1 施工船舶的抗风浪能力应满足施工水域的工况条件,季风期间,施工船舶应适度加长锚缆	船舶施工前,应确保船舶抗风浪能力满足施工水域的工况条件,季风期间,施工船舶应储备充足的燃油、淡水、缆绳、索具、备件和生活物资、医药用品等,施工船舶应适度加长锚缆,必要时需增加配备,风浪、流压较大时应及时调整船位	**查资料:** 1. 查施工水域的工况条件调查材料; 2. 查船舶抗风浪能力相符性说明; 3. 查船舶配置的生产、生活物资及应急物品、设施名录。 **查现场:** 1. 现场查验施工船舶物料储备; 2. 查锚缆安全性	10 ★★★	1. 应对施工水域的工况条件进行翔实调查,选择抗风浪能力满足施工水域工况条件的船舶; 2. 船舶配置的生产、生活物资及应急物品、设施应满足要求; 3. 锚缆的安全性应符合要求		

续上表

评价类目	评价项目		释义	评价方法	标准分值	评价标准		得分
						扣分项	否决项	
6.16 船舶调遣与避风（100分）	6.16.2 船舶避风（50分）	6.16.2.2 项目经理部和施工船舶应每天按时收听气象和海浪预报，加强对水文气象的分析	船舶施工或船舶避风期间，项目经理部和施工船舶应设置专人每天按时收听气象和海浪预报，加强对水文气象的分析和预测，并将气象信息告知现场的施工生产管理人员	**查资料：** 1. 查气象和海浪预报记录； 2. 查水文、气象的分析和预测文件； 3. 查对现场施工管理人员的告知文件	8 ★★★	1. 按时收听气象和海浪预报并建立记录，内容应具体； 2. 及时形成水文、气象的分析和预测文件； 3. 项目经理部将气象和海浪信息及时告知现场施工管理人员		
		6.16.2.3 施工船舶的门窗、舱口、孔洞的水密设施应完好，排水系统应通畅，管系阀门等应灵活有效。必要时，可配备移动式抽水机	船舶航行和避风期间，应做好船舶防风、防水的应急工作，确保施工船舶的门窗、舱口、孔洞的水密设施完好，排水系统应通畅，管系阀门等应灵活有效。并配备移动式抽水机作为应急物资装备	**查资料：** 1. 查对施工船舶的门窗、舱口、孔洞的水密设施检查维修记录； 2. 查应急救援物资、设备的检查、记录。 **查现场：** 现场查施工船舶水密设施、排水系统、管系阀门等是否灵活有效	6	1. 未配备移动式抽水机或配备不足，扣1～2分； 2. 水密设施密封不严、排水系统不畅、管系阀门不灵活的，每发现一处扣1分，扣完为止； 3. 无对施工船舶的门窗、舱口、孔洞的水密设施的检查、维修的记录，扣1～2分		

续上表

评价类目	评价项目		释义	评价方法	标准分值	评价标准		得分
						扣分项	否决项	
6.16 船舶调遣与避风（100分）	6.16.2 船舶避风（50分）	6.16.2.4 施工船舶上的桩架、起重臂、桥架、钩头、桩锤、抓斗和挖掘机、起重机等主要活动设备均应备有封固装置	施工船舶上的桩架、起重臂、桥架、钩头、桩锤、抓斗、挖掘机、装载机、起重机等主要活动设备，均应进行封固，或与船舶焊接牢固，防止被大风吹动或因船体动荡而移动	**查资料：** 查封固设施的检查、验收记录。 **查现场：** 现场查验各设备、构件的封固装置	6	1. 施工船舶上各构件及挖掘机、起重机的封固装置应齐全、有效，每缺少一处扣1分，最多扣4分； 2. 无针对封固设施的检查验收记录，扣1～2分		
		6.16.2.5 施工船舶应加强起重臂、打桩架、定位钢桩、臂架和锚缆等设施的观察，风浪可能对船舶或设备造成威胁时，应停止作业	施工过程中要加强对起重臂、打桩架、定位钢桩、臂架和锚缆等设施的观察，出现意外情况时及时采取补救措施或停止作业。船舶避风或大风天气时，施工船舶应观察风浪情况，当风浪可能对船舶或设备造成威胁时，应停止作业	**查资料：** 1. 查施工时对起重臂、打桩架、定位钢桩、臂架和锚缆等设施的检查记录； 2. 查施工时气象记录。 **查现场：** 现场核查起重臂、打桩架、定位钢桩、臂架和锚缆等设施的现场工况	8	1. 无针对起重臂、打桩架、定位钢桩、臂架和锚缆等设施的日常检查扣4分，检记录中每缺少一处扣1分，扣完为止； 2. 风浪可能对船舶或设备造成威胁时，仍冒险施工的，扣4分； 3. 无作业期间气象情况记录资料，扣1～2分		

续上表

评价类目	评价项目		释义	评价方法	标准分值	评价标准		得分
						扣分项	否决项	
6.16 船舶调遣与避风（100分）	6.16.2 船舶避风（50分）	6.16.2.6 避风锚地应选择在具有天然或人工屏障且水文条件、水域面积适宜的水域	避风锚地以陆地环抱式港湾锚地为佳，或者选择在有高山、岛屿、堤岸为屏障，可遮挡台风最大风力最大涌浪的水域；水流湍急之地不宜抛锚避台。 避风锚地附近最好有比较显著的固定标志，以利侧位和核查有无走锚。 最合适避风锚地地质为泥底。其次为泥沙底和沙底，不适宜在石质底防台。 避风锚地周围应有足够的安全旋回余地，安全旋回半径不小于最大链长加本身船长后再留有一定余地。 不得在桥区水域、水底管线、取水口等附近水域抛锚防台	**查资料：** 查避风锚地选择的方案或可行性分析报告或说明。 **查现场：** 现场查验船舶避风锚地的环境安全	6	1. 未进行避风锚地安全可行性分析或说明的，扣1~2分； 2. 避风锚地存在明显或潜在不安全因素的，扣1~4分		

续上表

评价类目	评价项目		释义	评价方法	标准分值	评价标准		得分
						扣分项	否决项	
6.16 船舶调遣与避风（100分）	6.16.2 船舶避风（50分）	6.16.2.7 在台风期间，施工船舶应及时抵达避风锚地，应执行高频（VHF）守听制度，及时收听、记录气象预报及台风警报，并应与项目经理部保持密切联系	在台风期间，项目经理部及施工船舶必须严格执行高频（VHF）守听制度，及时收听、记录气象预报及台风警报，并跟踪台风路径及未来走向。在7级风圈半径到达前，非自航船舶和水上辅助设施应调遣至避风锚地。自航施工船舶应根据预案和自身抗风浪能力，适时抵达避风锚地。在台风威胁中，施	**查资料：** 1. 查避风锚泊记录； 2. 查气象预报及台风警报收听记录； 3. 查航行日志。 **查现场：** 现场查看所选择的避风锚地的安全性和制度落实情况	6 ★★★	1. 台风期间船舶应及时抵达避风锚地； 2. 认真填写航行日志； 3. 严格执行高频（VHF）守听制度并建立气象预报及台风警报收听、记录，内容认真、翔实； 4. 项目经理部应与施工船舶保持密切联系，建立通讯联系相关记录		

续上表

评价类目	评价项目		释　义	评价方法	标准分值	评价标准		得分
						扣分项	否决项	
6.16 船舶调遣与避风（100分）	6.16.2 船舶避风（50分）		工单位应掌握施工船舶进入避风锚地的位置和锚泊情况，并与施工船舶保持密切联系					

评分说明：

1.“★”为一级必备条件；“★★”为一、二级必备条件；“★★★”为一、二、三级必备条件，即所有一级企业必须满足一、二、三星要求，二级企业需满足二、三星要求，三级企业需满足三星要求。

2. 除满足上述星项要求外，带有标注“AR”（Additional requirements 的意思）的项目执行限制扣分要求，申请一级的企业该项目扣分分值不得超过该项分值的10%，申请二级的企业该项目扣分分值不得超过该项分值的25%，申请三级的企业该项目扣分分值不得超过该项分值的40%，所有“★”项，二、三级企业按照“AR”项要求执行，所有“★★”项，三级企业按照“AR”项要求执行，所有评分项目中存在一项超过上述扣分要求的为达标建设不合格。

3. 所有指标中要求的内容，如评审企业不涉及此项工作或当地主管机关未要求开展的，视为不涉及项处理，所得总分按照千分制比例进行换算。如：某企业不涉及项分数为100分，对照千分表去除不涉及项得分为720分，则最终评价得分为720/900×1000=800分。

第二章 公路水运工程施工项目安全生产标准化评价扣分表

<table>
<tr><th>评价类目</th><th>评 价 项 目</th><th>标准分值</th><th>得分</th></tr>
<tr><td rowspan="6">一、目标与考核(14 分)</td><td>①企业应结合实际制定安全生产目标。安全生产目标应:
a. 符合或严于相关法律法规的要求;
b. 形成文件,并得到本企业所有从业人员的贯彻和实施;
c. 与企业的职业安全健康风险相适应;
d. 具有可考核性,体现企业持续改进的承诺;
e. 便于企业员工及相关方获得</td><td>3
★★★</td><td></td></tr>
<tr><td>②企业应根据安全生产目标制定可考核的安全生产工作指标,指标应不低于上级下达的目标</td><td>3</td><td></td></tr>
<tr><td>③企业应制定实现安全生产目标和工作指标的措施</td><td>2</td><td></td></tr>
<tr><td>④企业应制定安全生产年度计划和专项活动方案,并严格执行</td><td>2</td><td></td></tr>
<tr><td>⑤企业应将安全生产工作指标进行细化和分解,制定阶段性的安全生产控制指标,并予以考核</td><td>2</td><td></td></tr>
<tr><td>⑥企业应建立安全生产目标考核与奖惩的相关制度,并定期对安全生产目标完成情况予以考核与奖惩</td><td>2</td><td></td></tr>
</table>

续上表

<table>
<tr><th>评价类目</th><th colspan="2">评 价 项 目</th><th>标准分值</th><th>得分</th></tr>
<tr><td>二、管理机构和人员</td><td colspan="4">本节条款内容的实施细则纳入本细则“现场及专业部分评价参照表”6.1.2、6.1.4、6.2.2 条款内容</td></tr>
<tr><td>三、安全责任体系</td><td colspan="4">本节条款内容的实施细则纳入本细则“现场及专业部分评价参照表”6.1.4、6.2.1 条款内容</td></tr>
<tr><td rowspan="4">四、法律法规及标准规范(4分)</td><td>1. 资质</td><td colspan="3">本节条款内容的实施细则纳入本细则“现场及专业部分评价参照表”6.1.1 条款内容</td></tr>
<tr><td rowspan="2">2. 法律法规及标准规范</td><td>①企业应制定及时识别、获取适用的安全生产法律法规、规范标准及其他要求的管理制度,明确责任部门,建立清单和文本(或电子)档案,并定期发布</td><td>2</td><td></td></tr>
<tr><td>②企业应及时对从业人员进行适用的安全生产法律法规、规范标准宣贯,并根据法规标准和相关要求及时制修订本企业安全生产管理制度</td><td>2</td><td></td></tr>
<tr><td>3. 安全管理制度</td><td colspan="3">本节条款内容的实施细则纳入本细则“现场及专业部分评价参照表”6.2、6.4 条款内容</td></tr>
<tr><td>五、安全投入</td><td colspan="4">本节条款内容的实施细则纳入本细则“现场及专业部分评价参照表”6.2.4 条款内容</td></tr>
<tr><td>六、教育培训</td><td colspan="4">本节条款内容的实施细则纳入本细则“现场及专业部分评价参照表”6.2.3、6.1.2 条款内容</td></tr>
</table>

续上表

<table>
<tr><th>评价类目</th><th colspan="2">评 价 项 目</th><th>标准分值</th><th>得分</th></tr>
<tr><td rowspan="6">七、风险管理（1分）</td><td>1. 一般要求</td><td colspan="3" rowspan="4">本节条款内容的实施细则纳入本细则“现场及专业部分评价参照表”6.3.4 条款内容</td></tr>
<tr><td>2. 风险辨识</td></tr>
<tr><td>3. 风险评估</td></tr>
<tr><td>4. 风险控制</td></tr>
<tr><td>5. 重大风险管控</td><td>企业应当将本单位重大风险有关信息通过公路水路行业安全生产风险管理信息系统进行登记，构成重大危险源的应向属地负有安全生产监督管理职责的交通运输管理部门备案</td><td>1</td><td></td></tr>
<tr><td>6. 预测预警</td><td colspan="3">本节条款内容的实施细则纳入本细则“现场及专业部分评价参照表”6.3.4 条款内容</td></tr>
<tr><td>八、隐患排查和治理</td><td colspan="4">本节条款内容的实施细则纳入本细则“现场及专业部分评价参照表”6.2.9 条款内容</td></tr>
<tr><td>九、职业健康</td><td colspan="4">本节条款内容的实施细则纳入本细则“现场及专业部分评价参照表”6.2.5 条款内容</td></tr>
<tr><td rowspan="2">十、安全文化（13分）</td><td rowspan="2">1. 安全环境</td><td>①设立安全文化廊、安全角、黑板报、宣传栏等员工安全文化阵地</td><td>2</td><td></td></tr>
<tr><td>②公开安全生产举报电话号码、通信地址或者电子邮件信箱。对接到的安全生产举报和投诉及时予以调查和处理，并公开处理结果</td><td>3
AR</td><td></td></tr>
</table>

续上表

<table>
<tr><th>评价类目</th><th colspan="2">评 价 项 目</th><th>标准分值</th><th>得分</th></tr>
<tr><td rowspan="4">十、安全文化(13分)</td><td rowspan="4">2. 安全行为</td><td>① 企业应建立包括安全价值观、安全愿景、安全使命和安全目标等在内的安全承诺</td><td>3
AR</td><td></td></tr>
<tr><td>②企业应结合企业实际编制员工安全知识手册,并发放到职工</td><td>2</td><td></td></tr>
<tr><td>③企业应组织开展安全生产月活动、安全生产班组竞赛活动,有方案、有总结</td><td>2</td><td></td></tr>
<tr><td>④企业应对安全生产进行检查、评比、考评,总结和交流经验,推广安全生产先进管理方法,对在安全工作中做出显著成绩的集体、个人给予表彰、奖励,并与其经济利益挂钩</td><td>1</td><td></td></tr>
<tr><td>十一、应急管理</td><td colspan="4">本节条款内容的实施细则纳入本细则“现场及专业部分评价参照表”6.3.5条款内容</td></tr>
<tr><td rowspan="3">十二、事故报告调查处理(20分)</td><td rowspan="3">1. 事故报告</td><td>①企业应建立事故报告程序,明确事故内外部报告的责任人、时限、内容等,并教育、指导从业人员严格按照有关规定的程序报告发生的生产安全事故</td><td>2</td><td></td></tr>
<tr><td>②发生事故,企业应及时进行事故现场处置,按相关规定及时、如实向有关部门报告,没有瞒报、谎报、迟报情况。并应跟踪事故发展情况,及时续报事故信息</td><td>4
★★★</td><td></td></tr>
<tr><td>③企业应跟踪事故发展情况,及时续报事故信息</td><td>1</td><td></td></tr>
</table>

续上表

评价类目	评价项目		标准分值	得分
十二、事故报告调查处理(20分)	2. 事故调查处理	①企业应建立内部事故调查和处理制度，按照有关规定、行业标准和国际通行做法，将造成人员伤亡(轻伤、重伤、死亡等人身伤害和急性中毒)和财产损失的事故纳入事故调查和处理范畴	3	
		②企业应积极配合各级人民政府组织的事故调查，随时接受事故调查组的询问，如实提供有关情况	2	
		③企业应按时提交事故调查报告，分析事故原因，落实整改措施	2	
		④发生事故后，企业应及时组织事故分析，并在企业内部进行通报。并应按时提交事故调查报告，分析事故原因，落实整改措施	2	
		⑤企业应按“四不放过”原则严肃查处事故，严格追究责任领导和相关责任人。处理结果报上级主管部门备案	3 ★	
	3. 事故档案管理	企业应建立事故档案和管理台账，将承包商、供应商等相关方在企业内部发生的事故纳入本企业事故管理	1	

续上表

评价类目	评价项目		标准分值	得分
十三、绩效评定与持续改进(8分)	1.绩效评定	①企业应每年至少一次对本单位安全生产标准化的运行情况进行自评,验证各项安全生产制度措施的适应性、充分性和有效性	3	
		②企业主要负责人应全面负责自评工作。自评应形成正式文件,并将结果向所有部门、所属单位和从业人员通报,作为年度考评的重要依据	2	
	2.持续改进	企业应根据安全生产标准化管理体系的自评结果和安全生产预测预警系统所反映的趋势,以及绩效评定情况,客观分析企业安全生产标准化管理体系的运行质量,及时调整完善安全生产目标、指标、规章制度、操作规程等相关管理文件和过程管控,持续改进,不断提高安全生产绩效	3	

现场及专业部分评价参照表(基本规范　第6章　专业部分)

评价类目	评价项目		标准分值	得分
6.1　安全生产条件(45分)	6.1.1　施工单位安全生产许可证(3分)	施工单位安全生产许可证应有效	3	

续上表

评价类目	评价项目		标准分值	得分
6.1　安全生产条件(45分)	6.1.2　从业人员资格条件(16分)	6.1.2.1　项目负责人及专职安全管理人员应持有相应的安全生产考核合格证书	5 ★★	
		6.1.2.2　施工现场应按规定足额配备专职安全员	5 ★★★	
		6.1.2.3　特种作业人员应持证上岗	6 AR	
	6.1.3　人身保险(8分)	6.1.3.1　项目经理部应对从业人员做好用工登记,并应为从业人员办理工伤保险	4 AR	
		6.1.3.2　项目经理部应对从事危险作业人员在作业期间办理意外伤害险	2 AR	
		6.1.3.3　项目经理部应投保安全生产责任险	2	
	6.1.4　安全组织机构(13分)	6.1.4.1　项目经理部应成立安全生产领导小组	2 ★★★	
		6.1.4.2　项目经理部应设置专职安全生产管理人员,从业人员超过100人的项目应设置独立的安全生产管理部门	4 ★★★	

续上表

<table>
<tr><th>评价类目</th><th colspan="2">评 价 项 目</th><th>标准分值</th><th>得分</th></tr>
<tr><td rowspan="3">6.1　安全生产条件(45 分)</td><td rowspan="2">6.1.4　安全组织机构(13 分)</td><td>6.1.4.3　具有一定规模或经评估风险较大的施工项目应设置安全总监,安全总监宜持有国家注册安全工程师证书和相应的安全生产考核合格证书</td><td>2
★</td><td></td></tr>
<tr><td>6.1.4.4　项目经理部应明确项目负责人、各部门及作业层的安全岗位职责及责任人</td><td>5
AR</td><td></td></tr>
<tr><td>6.1.5　施工作业手续(5 分)</td><td>项目经理部应根据工程实际,按规定办理跨线施工、交通管制及水上水下作业的相关安全许可手续</td><td>5</td><td></td></tr>
<tr><td rowspan="6">6.2　安全生产管理制度(115 分)</td><td>6.2.1　安全生产责任制度(10 分)</td><td>项目经理部应制定安全生产责任制和考核制度,并逐级签订安全生产责任书</td><td>10
★★★</td><td></td></tr>
<tr><td rowspan="2">6.2.2　安全生产会议制度(7 分)</td><td>6.2.2.1　项目经理部应建立安全生产领导小组会议和安全生产例会制度,会议记录应清晰、全面</td><td>4
★★★</td><td></td></tr>
<tr><td>6.2.2.2　项目经理部会议要求应落实到位</td><td>3</td><td></td></tr>
<tr><td rowspan="3">6.2.3　安全教育培训制度(10 分)</td><td>6.2.3.1　项目经理部应制定安全教育培训制度和计划</td><td>3
★★★</td><td></td></tr>
<tr><td>6.2.3.2　项目经理、管理人员、专职安全人员、特种人员、转岗、新进场从业人员的安全教育培训学时、内容、方法等要求应明确</td><td>2
AR</td><td></td></tr>
<tr><td>6.2.3.3　培训时间、培训内容、参加培训人员的记录应清晰</td><td>5
AR</td><td></td></tr>
</table>

续上表

评价类目	评价项目		标准分值	得分
6.2 安全生产管理制度(115分)	6.2.4 安全生产费用管理制度(10分)	6.2.4.1 项目经理部应制定安全生产费用管理制度,并专款专用、足额提取	3 ★★★	
		6.2.4.2 项目经理部应编制安全生产费用使用计划	3	
		6.2.4.3 项目经理部应建立安全生产费用管理台账	4	
	6.2.5 职业健康管理制度(6分)	6.2.5.1 项目经理部应制定职业健康管理制度	2 ★★★	
		6.2.5.2 项目经理部应建立、健全职业卫生档案和劳动者健康监护档案	4	
	6.2.6 机械设备设施管理制度(16分)	6.2.6.1 项目经理部应建立机械设备设施管理制度及台账	2	
		6.2.6.2 项目经理部应建立特种设备管理制度、台账及管理档案,一机一档	2 ★★★	
		6.2.6.3 特种设备投入使用前应经具备相应资质的单位检测合格,日常检查、维修、记录应齐全	5 AR	
		6.2.6.4 特种设备安装、拆除应由具备相应资质的单位承担	3	
		6.2.6.5 大型模板、承重支架及未列入国家特种设备目录的非标准设备投入使用前,应组织验收	4 ★★★	

续上表

评价类目	评价项目		标准分值	得分
6.2 安全生产管理制度(115分)	6.2.7 危险品安全管理制度(16分)	6.2.7.1 项目经理部应制定危险品安全管理制度	2 ★★★	
		6.2.7.2 危险品管理人员应配备到位并持证上岗	3 ★★★	
		6.2.7.3 危险物品进出库及退库台账应清晰,管理措施、使用记录等应符合相关规定	3	
		6.2.7.4 爆破工程施工应得到有关部门批准	5 ★★★	
		6.2.7.5 项目经理部应按规定编制爆破设计书及施工组织设计	3	
	6.2.8 消防安全制度(8分)	6.2.8.1 项目经理部应制定消防安全制度,绘制消防设施布设图,明确消防责任区域、责任人	4 ★★★	
		6.2.8.2 项目经理部应建立消防器材管理使用台账,消防器具配置及维护应符合相关规定	4	
	6.2.9 安全检查制度(20分)	6.2.9.1 项目经理部应制定安全检查制度	2 ★★★	
		6.2.9.2 项目经理部应建立项目负责人带班制度	3	

续上表

评价类目	评价项目		标准分值	得分
6.2　安全生产管理制度(115分)	6.2.9　安全检查制度(20分)	6.2.9.3　项目经理部应制定隐患排查工作方案,明确隐患排查频率,应对发现隐患进行分析,制定具有针对性的隐患治理措施	4	
		6.2.9.4　挂牌督办的重大安全隐患应按相关规定及时整治并销号	5	
		6.2.9.5　项目经理部应明确定期、专项安全检查的时间、频率、责任人、检查内容、实施要求等	2	
		6.2.9.6　项目经理部检查、整改应有书面记录,并形成闭合管理	4	
	6.2.10　安全奖惩考核制度(5分)	6.2.10.1　项目经理部应制定安全奖惩考核制度,制度中应明确奖惩的条件及方式	3 ★★★	
		6.2.10.2　奖惩考核制度落实应有记录	2	
	6.2.11　相关方安全管理制度(4分)	项目经理部应制定相关方安全管理制度	4	
	6.2.12　安全生产事故报告制度(3分)	项目经理部应制定安全生产事故报告制度	3 ★★★	

续上表

评价类目	评价项目		标准分值	得分
6.3 安全技术管理(80分)	6.3.1 施工组织设计(10分)	6.3.1.1 项目经理部应按相关规定编制施工组织设计。施工组织设计中应有安全措施	5	
		6.3.1.2 施工组织设计应经施工企业技术负责人审核、签认,审批手续齐全	5	
	6.3.2 专项施工方案(19分)	6.3.2.1 项目经理部应按相关规定编制危险性较大的分部分项工程专项施工方案。方案中安全措施应操作性强,内容齐全	5 ★★★	
		6.3.2.2 施工方案应按规定进行审批和论证。项目经理部不得擅自修改、调整专项施工方案,如因设计、结构、外部环境等因素发生变化确需修改的,修改后应按规定重新审核、批准、论证	10 ★★★	
		6.3.2.3 项目经理部应按规定编制临时用电组织设计或临时用电方案,审批手续应齐全	4	
	6.3.3 技术交底(13分)	6.3.3.1 项目经理部应制定技术交底制度	3	
		6.3.3.2 项目经理部逐级交底应记录清晰、签字齐全,内容应有针对性	8 AR	
		6.3.3.3 项目经理部应建立交底台账	2	

续上表

评价类目	评 价 项 目		标准分值	得分
6.3 安全技术管理(80分)	6.3.4 风险管控(22分)	6.3.4.1 项目经理部应开展风险的辨识与评价工作	3 ★★★	
		6.3.4.2 项目经理部应根据评价结果制定分级风险管控措施	5	
		6.3.4.3 项目经理部对重大风险源应制定安全管理方案和应急预案,并应对作业人员进行书面告知	7	
		6.3.4.4 项目经理部应按规定开展桥隧施工和高边坡施工安全风险评估	4	
		6.3.4.5 项目经理部应按规定开展地质灾害评估	3	
	6.3.5 应急预案及演练(16分)	6.3.5.1 项目经理部应制定综合应急预案、专项应急预案及现场处置方案,并以文件形式发布	5 ★★★	
		6.3.5.2 项目经理部应定期开展应急预案的培训和演练,并及时进行评审和修订	8	
		6.3.5.3 项目经理部应建立专(兼)职的应急队伍,配备相应的应急物资	3	

续上表

<table>
<tr><th>评价类目</th><th colspan="2">评价项目</th><th>标准分值</th><th>得分</th></tr>
<tr><td rowspan="2">6.4 安全管理档案(5分)</td><td colspan="2">6.4.1 应建立健全安全管理档案</td><td>3</td><td></td></tr>
<tr><td colspan="2">6.4.2 各类安全管理档案资料应完整、有效</td><td>2</td><td></td></tr>
<tr><td rowspan="3">6.5 安全专项活动(5分)</td><td rowspan="2">6.5.1 活动安排(4分)</td><td>6.5.1.1 项目经理部应根据相关规定制定安全专项活动方案</td><td>2</td><td></td></tr>
<tr><td>6.5.1.2 安全专项活动应按照方案实施。实施前项目经理部应制定实施计划,结束后应进行总结</td><td>2</td><td></td></tr>
<tr><td>6.5.2 考核评价(1分)</td><td>项目经理部对各安全专项活动应有考核评价,资料应真实、准确</td><td>1</td><td></td></tr>
<tr><td rowspan="4">6.6 施工现场布设(90分)</td><td rowspan="4">6.6.1 施工驻地(21分)</td><td>6.6.1.1 办公区、生活区、作业区应分开设置,选址应符合相关规定、布局合理,办公区和生活区应封闭管理</td><td>10
★★</td><td></td></tr>
<tr><td>6.6.1.2 办公区、生活区不得存放易燃易爆等危险品</td><td>3</td><td></td></tr>
<tr><td>6.6.1.3 职工的膳食、饮水、休息场所、医疗救助设施等应当符合安全卫生标准</td><td>5</td><td></td></tr>
<tr><td>6.6.1.4 装配式房屋应有合格证书,其安全性应符合相关规定</td><td>3</td><td></td></tr>
</table>

续上表

<table>
<tr><th>评价类目</th><th colspan="2">评 价 项 目</th><th>标准分值</th><th>得分</th></tr>
<tr><td rowspan="11">6.6 施工现场布设(90分)</td><td rowspan="6">6.6.2 拌和站、预制场、钢筋加工场(30分)</td><td>6.6.2.1 钢筋加工场、预制场、拌和站等选址应符合安全、环保要求,区域划分应合理,标识明显;其安装、拆除应符合相关规定</td><td>10</td><td></td></tr>
<tr><td>6.6.2.2 拌和站、预制场和钢筋加工场地面应硬化,周边排水系统应完善</td><td>4
★</td><td></td></tr>
<tr><td>6.6.2.3 构件存放层数和间距应符合相关规定,并应采取有效的防倾覆措施</td><td>5</td><td></td></tr>
<tr><td>6.6.2.4 防雨棚应稳固</td><td>3</td><td></td></tr>
<tr><td>6.6.2.5 张拉作业应有安全防护措施,设立警戒区</td><td>3</td><td></td></tr>
<tr><td>6.6.2.6 施工现场搅拌设备检修、清理料仓时,应停机并切断电源,应设置明显标志并应有专人看守</td><td>5
★★★</td><td></td></tr>
<tr><td rowspan="2">6.6.3 临时用电(11分)</td><td>6.6.3.1 项目经理部应按照施工现场临时用电组织设计或方案进行布设和使用</td><td>6</td><td></td></tr>
<tr><td>6.6.3.2 变配电设备设施、电缆、照明灯具的安全性等应符合相关规定</td><td>5</td><td></td></tr>
<tr><td rowspan="3">6.6.4 消防安全(13分)</td><td>6.6.4.1 办公区、生活区、作业区应设置消防安全设施总平面布置图</td><td>2</td><td></td></tr>
<tr><td>6.6.4.2 施工现场消防设施、消防通道布设应符合相关规定</td><td>8</td><td></td></tr>
<tr><td>6.6.4.3 消防区域应悬挂责任铭牌</td><td>3</td><td></td></tr>
</table>

续上表

评价类目	评 价 项 目		标准分值	得分
6.6　施工现场布设(90分)	6.6.5　施工便道便桥(15分)	6.6.5.1　便桥应进行专项设计和受力验算,应验收合格后方可使用	10 ★★★	
		6.6.5.2　便道危险路段、便桥位置应设置安全标志	5	
6.7　安全防护(90分)	6.7.1　防护栏杆、安全网及其他防打击、防坠落措施(36分)	6.7.1.1　高处、临边、临水作业应设置作业平台、防护栏杆及安全网	18 AR	
		6.7.1.2　施工现场下方有人员通行或作业的,应设置挡脚板、防滑设施、安全网、安全通道等	18 ★★	
	6.7.2　文明施工、安全警示标识、标牌(24分)	6.7.2.1　施工现场明显位置应设置“五牌一图”	6	
		6.7.2.2　交通要道、重要作业场所,危险区域应设置安全警示标识、标牌	12 AR	
		6.7.2.3　现场机械设备应按相关规定设置统一标识铭牌,张贴安全操作规程	6	
	6.7.3　防雷设备(5分)	拌和、打桩和起重等高耸设备及其他电器设备应按规定设置防雷设施	5	
	6.7.4　个体防护(25分)	6.7.4.1　项目经理部使用的劳动防护用品应符合国家和行业的相关规定	5	
		6.7.4.2　进入施工现场的从业人员应按规定配置和正确使用劳动防护用品	20	

续上表

评价类目	评价项目		标准分值	得分
6.8 施工作业(110分)	6.8.1 高处作业(13分)	6.8.1.1 高处作业应按相关规定设置人员上下专用通道	8 ★★★	
		6.8.1.2 作业平台的设置应符合相关规定,脚手板应铺满且固定牢固	5	
	6.8.2 支架脚手架(28分)	6.8.2.1 施工现场搭设和拆除支架脚手架应满足专项施工方案要求	5 ★★★	
		6.8.2.2 支架和脚手架基础应满足承载力要求,周边应有防排水设施	5 ★★	
		6.8.2.3 搭设支架和脚手架的材料应有出厂合格证明,并按规定进行抽检	5 ★	
		6.8.2.4 承重支架搭设和拆除应制定专项施工方案,并按审批过的方案进行安装与拆除。承重支架搭设后应按规定组织验收,验收通过后应挂牌告知	8 ★★★	
		6.8.2.5 搭设高度大于10m的脚手架应设置缆风绳等防倾覆措施	5	
	6.8.3 模板(18分)	6.8.3.1 大型模板搭设和拆除应有经过审批过的专项施工方案	5 ★★★	
		6.8.3.2 模板制作、存放、使用、安装、拆除应满足方案要求	5 ★★	
		6.8.3.3 大型模板使用前应组织验收	8 ★★★	

续上表

评价类目	评 价 项 目		标准分值	得分
6.8 施工作业(110分)	6.8.4 特种设备(21分)	6.8.4.1 安全使用登记标志应悬挂于明显位置	3 ★★	
		6.8.4.2 特种设备操作人员应持证上岗	5 ★★★	
		6.8.4.3 垂直升降设备不得超载运行,其基础承载力、临边防护、防排水等应符合相关规定,架体附着装置应牢固	6 AR	
		6.8.4.4 塔吊基础和架体附着装置应牢固,轨道式起重机限位及保险装置应有效	7	
	6.8.5 基坑施工(30分)	6.8.5.1 深基坑施工应编制专项施工方案,并应按审批过的方案开挖和支护	5 ★★★	
		6.8.5.2 基坑周围的机械设备和堆存的物料等距基坑边缘的距离应满足边坡稳定或设计的相关规定	5	
		6.8.5.3 基坑内上下交叉作业应采取安全防护措施,上下基坑应设安全通道	5 ★★★	
		6.8.5.4 降排水系统应合理可靠	5	
		6.8.5.5 深基坑边坡、支护结构、临时围堰等应进行沉降和位移监测	5 ★★★	
		6.8.5.6 堆载安全间距及安全防护应符合设计或相关技术规程的规定	5	

续上表

评价类目	评价项目		标准分值	得分
6.9 桥梁工程(100分)	6.9.1 基础施工(20分)	6.9.1.1 基础施工应按照审批过的方案实施	5 ★★★	
		6.9.1.2 作业区域应设置警戒设施及警示灯	7	
		6.9.1.3 泥浆池应设置围护设施及安全警示标识	8	
	6.9.2 墩台(30分)	6.9.2.1 高墩台施工应按审批过的专项施工方案实施	5 ★★★	
		6.9.2.2 墩台施工应搭设脚手架及安全作业平台,搭设及拆除时周边应设立警戒线	5	
		6.9.2.3 墩台作业应设置人员上下专用通道并满足使用安全。不得使用塔吊、汽车吊载人上下	5 ★★★	
		6.9.2.4 墩身或塔身高度超过40m的桥梁应安装附着式电梯,出入口应设置防护设施	5	
		6.9.2.5 模板支撑系统的强度、刚度、稳定性应符合相关规定,支撑材料进场验收数据应真实、记录齐全	10 AR	

续上表

评价类目	评价项目		标准分值	得分
6.9 桥梁工程(100分)	6.9.3 桥梁上部结构施工(50分)	6.9.3.1 桥梁上部结构施工应按审批过的专项施工方案实施	5 ★★★	
		6.9.3.2 满堂支撑架应经过安全验算,并应按规定进行预压试验。基础承载力应满足荷载与规范要求,并应按规定进行检测,检测记录数据应真实、签字齐全	8 ★	
		6.9.3.3 挂篮应经设计和安全验算,按方案组拼后,应进行全面检查,并应按相关规定进行预压试验	8 ★★★	
		6.9.3.4 梁板吊装时应设立警戒区,就位后应及时进行稳固	5	
		6.9.3.5 桥面系施工临边及孔洞应设置安全防护栏杆、安全网及安全警示标识	5	
		6.9.3.6 龙门吊、架桥机等特种设备应取得安全使用登记证书。限位、防溜逸等设施应齐全、有效	5 ★★★	
		6.9.3.7 梁板张拉作业应符合相关规定	5	
		6.9.3.8 跨线桥梁施工应按照审批过的专项施工方案搭设、拆除跨线防护棚架	5 ★★★	
		6.9.3.9 跨线作业交通安全标志应符合规定	4	

续上表

评价类目	评价项目		标准分值	得分
6.10　隧道工程(200分)	6.10.1　基本要求(20分)	6.10.1.1　隧道洞口应设置值班室(或监控室),对进出洞人员应执行登记管理	5	
		6.10.1.2　1km以上隧道宜配置电子门禁系统和电子安全监控系统	3 ★★	
		6.10.1.3　隧道内坑洞、临边部位等应设立防护栏及醒目的安全警示标识	3	
		6.10.1.4　作业台车防护应符合相关规定,并应设置醒目的警示标识	3	
		6.10.1.5　现场急救箱内物品、设备应齐全、有效	3	
		6.10.1.6　施工现场应设置灭火器、消防水池、消防用砂等消防设施	3	
	6.10.2　洞身开挖(50分)	6.10.2.1　洞口工程应按审批过的专项施工方案实施。洞门、防护工程及截排水系统应施做及时、完整	8 ★★★	
		6.10.2.2　洞口相关监控量测点布点应符合设计要求及相关规定	5	
		6.10.2.3　施工作业台架、台车各类防坠设施、安全警示标识应设置齐全,安全可靠	5	
		6.10.2.4　洞内不得临时堆放易燃易爆物品	5	
		6.10.2.5　施工现场应设置风险源告知牌及安全警示标识	5	

续上表

评价类目	评价项目		标准分值	得分
6.10　隧道工程(200分)	6.10.2　洞身开挖(50分)	6.10.2.6　洞身应按审批过的专项施工方案开挖,不得擅自变更开挖方法	8 ★★★	
		6.10.2.7　施工现场应按照设计要求进行超前支护	8 ★★★	
		6.10.2.8　隧道爆破应进行钻爆设计,并应按审批过的方案实施	6 ★★★	
	6.10.3　初期支护及二衬(45分)	6.10.3.1　初期支护和二衬应按方案实施。初期支护背后不得出现空腔或填充物	10 ★★★	
		6.10.3.2　仰拱与掌子面、二衬与掌子面的安全步距应符合设计要求及相关规定	14 ★★★	
		6.10.3.3　拱架安装应符合相关规定	8	
		6.10.3.4　系统锚杆施工应符合设计要求及相关规定	8 ★★★	
		6.10.3.5　初期支护各类检测应及时、有效,检测报告应签字齐全	5	

续上表

<table>
<tr><th>评价类目</th><th colspan="2">评 价 项 目</th><th>标准分值</th><th>得分</th></tr>
<tr><td rowspan="9">6.10 隧道工程(200分)</td><td rowspan="7">6.10.4 监控量测与超前地质预报(25分)</td><td>6.10.4.1 项目经理部应根据设计文件要求,制定监控量测及超前地质预报专项施工方案,并应按方案组织实施</td><td>5
★★★</td><td></td></tr>
<tr><td>6.10.4.2 长大隧道和不良地质隧道应进行超前地质预报</td><td>3
★★★</td><td></td></tr>
<tr><td>6.10.4.3 监控量测应满足相关规定,布点数量、位置应符合相关规定,监测项目及资料数据应真实、签字齐全</td><td>3
AR</td><td></td></tr>
<tr><td>6.10.4.4 项目经理部应对量测数据进行分析,项目负责人和技术负责人应签字齐全</td><td>3</td><td></td></tr>
<tr><td>6.10.4.5 超前地质预报频次及预报长度应符合相关规定</td><td>3</td><td></td></tr>
<tr><td>6.10.4.6 地质预报和监测仪器证书应齐全、标定有效</td><td>3</td><td></td></tr>
<tr><td>6.10.4.7 项目经理部应对掌子面及围岩稳定性开展巡视检查,检查记录应真实、签字齐全</td><td>5</td><td></td></tr>
<tr><td rowspan="2">6.10.5 逃生通道(10分)</td><td>6.10.5.1 长大隧道、不良地质及软弱围岩隧道的二衬与掌子面间应设置逃生通道,逃生通道距离掌子面不应大于20m</td><td>5</td><td></td></tr>
<tr><td>6.10.5.2 逃生通道的刚度、强度及抗冲击力应符合相关规定</td><td>5</td><td></td></tr>
</table>

续上表

评价类目	评价项目		标准分值	得分
6.10　隧道工程(200分)	6.10.6　通风、防尘、照明、排水及消防、应急管理(20分)	6.10.6.1　隧道内通风应按批准的方案配置通风设施	3 ★★★	
		6.10.6.2　项目经理部应对有毒有害气体进行检测,检测记录应齐全、有效	4 ★★★	
		6.10.6.3　掘进里程超过150m时,应采用机械式强制通风	2 ★★★	
		6.10.6.4　压入式通风管的送风口距掌子面不应超过15m,排风式风管吸风口距掌子面不应超过5m,洞外风机距离洞口不宜少于30m,且通风量应符合相关规定	2	
		6.10.6.5　隧道内应照明充足,照明用电应与动力用电分开。作业区域应使用安全照明电压	3	
		6.10.6.6　隧道排水设施应完善、有效	2	
		6.10.6.7　隧道施工应设置应急救援仓库,应配备足够数量的应急救援设备、设施和消防器材	2	
		6.10.6.8　施工现场应设立应急逃生路线灯视引导系统	2 ★	

续上表

评价类目	评价项目		标准分值	得分
6.10 隧道工程(200分)	6.10.7 瓦斯隧道(20分)	6.10.7.1 瓦斯隧道施工应按照审批过的专项施工方案施工	5 ★★★	
		6.10.7.2 瓦斯隧道应使用具有防爆性能的电气设备、设施、车辆及照明系统	10 ★★★	
		6.10.7.3 施工现场应配置瓦斯检测仪,掌子面瓦斯浓度超标时不得施工	5	
	6.10.8 通信信息管理(10分)	6.10.8.1 隧道内应保持通信畅通,与洞外的应急联络应快捷有效	3	
		6.10.8.2 长大隧道施工应配备远程监控系统	5 ★★	
		6.10.8.3 项目经理部宜对作业人员进行定位信息管理	2 ★	
6.11 路基工程(60分)	6.11.1 边坡施工(30分)	6.11.1.1 高边坡、滑坡体、危石段安全防护措施应符合相关规定,并应设置风险源告知牌等	10	
		6.11.1.2 高边坡施工应自上而下,多级边坡不得同时立体交叉作业	10 ★★★	
		6.11.1.3 挡土墙施工应符合相关规定,相关排水设施应完善	10	

续上表

<table>
<tr><th>评价类目</th><th colspan="2">评 价 项 目</th><th>标准分值</th><th>得分</th></tr>
<tr><td rowspan="4">6.11 路基工程(60分)</td><td rowspan="4">6.11.2 路基施工(30分)</td><td>6.11.2.1 路基土石方爆破作业应按审批过的专项施工方案实施。爆破作业时应设置警戒区</td><td>9
★★★</td><td></td></tr>
<tr><td>6.11.2.2 高填深挖路基施工作业应符合安全规定。施工便道应符合相关规定,危险路段防护措施应到位、警示标识应正确、齐全</td><td>8</td><td></td></tr>
<tr><td>6.11.2.3 施工机械及运输车辆应编号统一,休工时应摆放有序</td><td>5</td><td></td></tr>
<tr><td>6.11.2.4 项目经理部应对改扩建工程施工项目制定交通保畅方案。施工现场应设置必要的隔离或防护等临时设施,应摆放有效的交通疏导、限速、照明、安全警示等标志</td><td>8
★★★</td><td></td></tr>
<tr><td rowspan="4">6.12 路面工程(40分)</td><td colspan="2">6.12.1 施工区域应实行交通导改</td><td>15</td><td></td></tr>
<tr><td colspan="2">6.12.2 工程施工车辆不得违规载人</td><td>10
★★★</td><td></td></tr>
<tr><td colspan="2">6.12.3 路面摊铺机、压实机械等设备夜间停放应有反光警示装置</td><td>5</td><td></td></tr>
<tr><td colspan="2">6.12.4 摊铺施工期应按规定配置专职安全员</td><td>10</td><td></td></tr>
</table>

续上表

评价类目	评价项目		标准分值	得分
6.13 施工船舶及临时电缆(70分)	6.13.1 施工船舶(50分)	6.13.1.1 施工船舶的证书应齐全。施工船舶按规定配备的消防、通信、救生、堵漏、锚缆和安全警示设施等设备应符合相关规定、安全有效。施工船舶应按相关规定配备持证船员	10 ★★★	
		6.13.1.2 陆用施工机械上驳船组合作业应制定专项施工方案,并应附具船舶稳性和机构强度验算结果	10 ★★★	
		6.13.1.3 船舶应在核定航区或作业水域内作业	8	
		6.13.1.4 船舶不得在未成型的码头、墩台或其他构筑物上系挂缆绳,不得超载或偏载	8	
		6.13.1.5 船舶不得在超过核定航行和作业条件的情况下作业	7	
		6.13.1.6 交通船应持证运营并配备救生设备,不得超载	7	
	6.13.2 临时电缆敷设(20分)	6.13.2.1 临时电缆线不得布设在船舶进出航道、抛锚区和锚缆摆动区	10	
		6.13.2.2 水上或潮湿地带作业的施工电缆应绝缘良好且具有防水功能,接头部分应进行防水处理	10	

续上表

评价类目	评价项目		标准分值	得分
6.14　码头工程或通航建筑物(130分)	6.14.1　打入桩基施工(30分)	6.14.1.1　桩基施工的沉桩区域应设置明显的安全警示标志	5	
		6.14.1.2　施工现场作业前应对沉桩设备、安全装置进行检查	10	
		6.14.1.3　水上沉桩前应进行水下探查,应清除水下障碍物,并应按规定削坡	5	
		6.14.1.4　吊桩绳扣、滑车、索具等应经计算后选用	5	
		6.14.1.5　陆域沉桩后,低于地面的桩孔或不高于地面0.8m的管桩应设置安全护栏或盖板,并应设置安全警示标识	5	
	6.14.2　沉箱出运与安装(40分)	6.14.2.1　沉箱浮运拖带前应按相关规定进行漂浮试验,拖带中,沉箱顶部应设置航行标志	8	
		6.14.2.2　沉箱吃水、压载和浮游稳定应按相关规范进行验算,并应满足安全要求	8	
		6.14.2.3　沉箱移运前应对气囊额定工作压力、牵引设施、移运通道等进行检查或试验,应按相关规定划定作业区、设置安全警戒线	15 ★★★	
		6.14.2.4　半潜驳下潜、沉箱起浮时,风力、波高、流速等工况条件应满足半潜驳作业性能和沉箱起浮的安全要求	9	

续上表

<table>
<tr><th>评价类目</th><th colspan="2">评 价 项 目</th><th>标准分值</th><th>得分</th></tr>
<tr><td rowspan="7">6.14　码头工程或通航建筑物(130分)</td><td rowspan="3">6.14.3　水上水下作业(25分)</td><td>6.14.3.1　作业平台搭设应进行安全验算,并应定期检查维护</td><td>10
★★★</td><td></td></tr>
<tr><td>6.14.3.2　水上人行通道的设置应符合相关规定</td><td>10
★★</td><td></td></tr>
<tr><td>6.14.3.3　潜水员应持证上岗,潜水作业应有专人指挥</td><td>5</td><td></td></tr>
<tr><td rowspan="4">6.14.4　水上构件吊装(35分)</td><td>6.14.4.1　施工现场应按审批过的方案施工,现场应有专人指挥</td><td>10</td><td></td></tr>
<tr><td>6.14.4.2　吊装使用的钢丝绳应安全可靠,磨损、断丝不得超标</td><td>10</td><td></td></tr>
<tr><td>6.14.4.3　起重设备的基础、轨道固定应符合安全要求,保险、限位等装置应齐全有效</td><td>10</td><td></td></tr>
<tr><td>6.14.4.4　构件吊装就位后应及时进行稳固</td><td>5</td><td></td></tr>
<tr><td rowspan="3">6.15　航道工程(100分)</td><td rowspan="3">6.15.1　爆破作业(40分)</td><td>6.15.1.1　从事爆破工程的施工单位及爆破作业人员应具有相应的爆破资质证书、作业许可证及资格证书</td><td>15
★★★</td><td></td></tr>
<tr><td>6.15.1.2　爆破工程施工应得到有关部门批准</td><td>15
★★★</td><td></td></tr>
<tr><td>6.15.1.3　施工现场采用钻孔爆破船施工时,临时存放的炸药和雷管应分仓放置,并专人监管</td><td>10</td><td></td></tr>
</table>

续上表

评价类目	评价项目		标准分值	得分
6.15 航道工程(100分)	6.15.2 水上抛石以及沉排铺排、充砂袋作业(40分)	6.15.2.1 施工现场抛石后或船舶在拖航过程中,应对施工机械进行封固	15 ★★★	
		6.15.2.2 铺排船上的起重设备吊装及展开排布应有专人指挥,沉排、铺排应按相关规定作业	15	
		6.15.2.3 砂袋或砂枕沉放前,应检查沉放架的制动装置	10	
	6.15.3 耙吸船及绞吸船放射源的管理(20分)	6.15.3.1 放射源测量装置的存储及使用应符合相关规定,其使用记录应保留完整	10	
		6.15.3.2 放射源测量装置应检定有效。项目经理部应按相关规定对放射源测量装置定期自测	10	
6.16 船舶调遣与避风(100分)	6.16.1 船舶调遣(50分)	6.16.1.1 项目经理部应制定调遣、拖航计划和应急预案,并应召开调遣会议,应掌握水文气象信息,确定开航时间,落实安全技术措施	10 ★★	
		6.16.1.2 船舶不宜在封冻水域进行长途调遣拖航	8	
		6.16.1.3 在封舱加固时,项目经理部应绘制物件摆放及封固图,并应对船舶稳性进行校核,对船龄较长、航程较远船舶的船体钢板应进行测厚检查	6	
		6.16.1.4 起重、打桩、疏浚等施工船舶的吊臂、桩架、臂架和活动物件,应进行封固	6 ★★★	

续上表

<table>
<tr><th>评价类目</th><th colspan="2">评 价 项 目</th><th>标准分值</th><th>得分</th></tr>
<tr><td rowspan="8">6.16 船舶调遣与避风(100分)</td><td rowspan="3">6.16.1 船舶调遣(50分)</td><td>6.16.1.5 桩锤、替打等应平放于甲板上,并应用枕木垫起,封焊应牢固</td><td>6</td><td></td></tr>
<tr><td>6.16.1.6 启航后,项目经理部应按拖航主管部门的要求报告船舶的航行动态,应实施24h值班制度</td><td>8
★★★</td><td></td></tr>
<tr><td>6.16.1.7 在调遣途中需避风锚泊时,拖船应及时报告原因及预计续航时间,并应按避风港的港章、港规和指定地点进港停船或锚泊</td><td>6</td><td></td></tr>
<tr><td rowspan="5">6.16.2 船舶避风(50分)</td><td>6.16.2.1 施工船舶的抗风浪能力应满足施工水域的工况条件,季风期间,施工船舶应适度加长锚缆</td><td>10
★★★</td><td></td></tr>
<tr><td>6.16.2.2 项目经理部和施工船舶应每天按时收听气象和海浪预报,加强对水文气象的分析</td><td>8
★★★</td><td></td></tr>
<tr><td>6.16.2.3 施工船舶的门窗、舱口、孔洞的水密设施应完好,排水系统应通畅,管系阀门等应灵活有效。必要时,可配备移动式抽水机</td><td>6</td><td></td></tr>
<tr><td>6.16.2.4 施工船舶上的桩架、起重臂、桥架、钩头、桩锤、抓斗和挖掘机、起重机等主要活动设备均应备有封固装置</td><td>6</td><td></td></tr>
<tr><td>6.16.2.5 施工船舶应加强起重臂、打桩架、定位钢桩、臂架和锚缆等设施的观察,风浪可能对船舶或设备造成威胁时,应停止作业</td><td>8</td><td></td></tr>
</table>

续上表

评价类目	评价项目		标准分值	得分
6.16 船舶调遣与避风(100分)	6.16.2 船舶避风(50分)	6.16.2.6 避风锚地应选择在具有天然或人工屏障且水文条件、水域面积适宜的水域	6	
		6.16.2.7 在台风期间,施工船舶应及时抵达避风锚地,应执行高频(VHF)守听制度,及时收听、记录气象预报及台风警报,并应与项目经理部保持密切联系	6 ★★★	

评分说明:

1. "★"为一级必备条件;"★★"为一、二级必备条件;"★★★"为一、二、三级必备条件,即所有一级企业必须满足一、二、三星要求,二级企业须满足二、三星要求,三级企业须满足三星要求。
2. 除满足上述星项要求外,带有标注"AR"(Additional requirements的意思)的项目执行限制扣分要求,申请一级的企业该项目扣分分值不得超过该项分值的10%,申请二级的企业该项目扣分分值不得超过该项分值的25%,申请三级的企业该项目扣分分值不得超过该项分值的40%,所有"★"项,二、三级企业按照"AR"项要求执行,所有"★★"项,三级企业按照"AR"项要求执行,所有评分项目中存在一项超过上述扣分要求的为达标建设不合格。
3. 所有指标中要求的内容,如评审企业不涉及此项工作或当地主管机关未要求开展的,视为不涉及项处理,所得总分按照千分制比例进行换算。如:某企业不涉及项分数为100分,对照千分表去除不涉及项得分为720分,则最终评价得分为720/900×1000=800分。
4. 所有涉及抽查、询问人员的指标,如细则中无具体说明,抽查数量为总数的10%,最低抽查数量为5,最高抽查数量为15,抽查的人员及车辆应具有代表性,每种类别车辆或人员必须要有抽样。

附件1 《交通运输企业安全生产标准化建设基本规范　第17部分：公路水运工程施工项目》（JT/T 1180.17—2018）

交通运输企业安全生产标准化建设基本规范　第17部分：公路水运工程施工项目

1　范围

JT/T 1180的本部分规定了公路水运工程施工项目安全生产标准化的基本要求、通用要求，以及安全生产条件、安全生产管理制度、安全技术管理、安全管理档案、安全专项活动、施工现场布设、安全防护、施工作业、桥梁工程、隧道工程、路基工程、路面工程、施工船舶及临时电缆、码头工程或通航建筑物、航道工程、船舶调遣与避风等专业要求。

本部分适用于公路水运工程施工项目开展安全生产标准化建设工作，以及对安全生产标准化建设的技术服务和评价工作。

2　规范性引用文件

下列文件对于本文件的应用是必不可少的。凡是注日期的引用文件，仅注日期的版本适用于本文件。凡是不注日期的引用文件，其最新版本（包括所有的修改单）适用于本文件。

JT/T 1180.1　交通运输企业安全生产标准化建设基本规范　第1部分：总体要求

3 术语和定义

下列术语和定义适用于本文件。

3.1

从业人员 employed person

从事交通运输建筑施工的管理人员和作业人员。

3.2

危险区域 dangerous area

可能造成人员伤害、财产损失的工作场所。

3.3

洞口作业 work near openings

孔与洞口边的作业，包括施工现场及通道旁深度在2m以上(含2m)的桩孔、人孔、沟槽与管道、孔洞等边沿上的作业。

3.4

临边作业 work near open-sided area

施工现场作业面边沿无围护设施或围护设施高度低于80cm的高处作业。

3.5

高边坡 high slope

高度大于20m的土质边坡或高度大于30m的岩质边坡。

3.6

五牌一图 public notice and layout drawing

“五牌”为工程概况牌、管理人员名单及监督电话牌、消防保卫牌、安全生产牌、文明施工牌，“一图”是指施工现场总平面图。

4 基本要求

公路水运工程施工项目(简称“施工项目”)安全生产标准化建设的基本要求按JT/T 1180.1的有关规定执行。

5 通用要求

施工项目安全生产标准化建设的通用要求按JT/T 1180.1的有关规定执行。

6 专业要求

6.1 安全生产条件

6.1.1 施工单位安全生产许可证

施工单位安全生产许可证应有效。

6.1.2 从业人员资格条件

6.1.2.1 项目负责人及专职安全管理人员应持有相应的安全生产考核合格证书。
6.1.2.2 施工现场应按规定足额配备专职安全员。
6.1.2.3 特种作业人员应持证上岗。

6.1.3 人身保险

6.1.3.1 项目经理部应对从业人员做好用工登记,并应为从业人员办理工伤保险。
6.1.3.2 项目经理部应为从事危险作业人员在作业期间办理意外伤害险。
6.1.3.3 项目经理部应投保安全生产责任险。

6.1.4 安全组织机构

6.1.4.1 项目经理部应成立安全生产领导小组。
6.1.4.2 项目经理部应设置专职安全生产管理人员,从业人员超过100人的项目应设置独立的安全生产管理部门。
6.1.4.3 具有一定规模或经评估风险较大的施工项目应设置安全总监,安全总监宜持有国家注册安全工程师证书和相应的安全生产考核合格证书。
6.1.4.4 项目经理部应明确项目负责人、各部门及作业层的安全岗位职责及责任人。

6.1.5 施工作业手续

项目经理部应根据工程实际,按规定办理跨线施工、交通管制及水上水下作业的相关安全许可手续。

6.2 安全生产管理制度

6.2.1 安全生产责任制度

项目经理部应制定安全生产责任制和考核制度,并逐级签订安全生产责任书。

6.2.2 安全生产会议制度

6.2.2.1 项目经理部应建立安全生产领导小组会议和安全生产例会制度,会议记录应清晰、全面。
6.2.2.2 项目经理部会议要求应落实到位。

6.2.3 安全教育培训制度

6.2.3.1 项目经理部应制定安全教育培训制度和计划。
6.2.3.2 项目经理、管理人员、专职安全人员、特种人员、转岗、新进场从业人员的安全教育培训学时、内容、方法等要求应明确。

6.2.3.3 培训时间、培训内容、参加培训人员的记录应清晰。

6.2.4 安全生产费用管理制度

6.2.4.1 项目经理部应制定安全生产费用管理制度，并专款专用、足额提取。

6.2.4.2 项目经理部应编制安全生产费用使用计划。

6.2.4.3 项目经理部应建立安全生产费用管理台账。

6.2.5 职业健康管理制度

6.2.5.1 项目经理部应制定职业健康管理制度。

6.2.5.2 项目经理部应建立、健全职业卫生档案和劳动者健康监护档案。

6.2.6 机械设备设施管理制度

6.2.6.1 项目经理部应建立机械设备设施管理制度及台账。

6.2.6.2 项目经理部应建立特种设备管理制度、台账及管理档案，一机一档。

6.2.6.3 特种设备投入使用前应经具备相应资质的单位检测合格，日常检查、维修、保养记录应齐全。

6.2.6.4 特种设备安装、拆除应由具备相应资质的单位承担。

6.2.6.5 大型模板、承重支架及未列入国家特种设备目录的非标准设备投入使用前，应组织验收。

6.2.7 危险品安全管理制度

6.2.7.1 项目经理部应制定危险品安全管理制度。

6.2.7.2 危险品管理人员应配备到位并持证上岗。

6.2.7.3 危险物品进出库及退库台账应清晰，管理措施、使用记录等应符合相关规定。

6.2.7.4 爆破工程施工应得到有关部门批准。

6.2.7.5 项目经理部应按规定编制爆破设计书及施工组织设计。

6.2.8 消防安全制度

6.2.8.1 项目经理部应制定消防安全制度，绘制消防设施布设图，明确消防责任区域、责任人。

6.2.8.2 项目经理部应建立消防器材管理使用台账，消防器具配置及维护应符合相关规定。

6.2.9 安全检查制度

6.2.9.1 项目经理部应制定安全检查制度。

6.2.9.2 项目经理部应建立项目负责人带班制度。

6.2.9.3 项目经理部应制定隐患排查工作方案,明确隐患排查频率,应对发现的隐患进行分析,制定具有针对性的隐患治理措施。

6.2.9.4 挂牌督办的重大安全隐患应按相关规定及时整治并销号。

6.2.9.5 项目经理部应明确定期、专项安全检查的时间、频率、责任人、检查内容、实施要求等。

6.2.9.6 项目经理部检查、整改应有书面记录,并形成闭合管理。

6.2.10 安全奖惩考核制度

6.2.10.1 项目经理部应制定安全奖惩考核制度,制度中应明确奖惩的条件及方式。

6.2.10.2 奖惩考核制度落实应有记录。

6.2.11 相关方安全管理制度

项目经理部应制定相关方安全管理制度。

6.2.12 安全生产事故报告制度

项目经理部应制定安全生产事故报告制度。

6.3 安全技术管理

6.3.1 施工组织设计

6.3.1.1 项目经理部应按相关规定编制施工组织设计。施工组织设计中应有安全措施。

6.3.1.2 项目经理部应经施工企业技术负责人审核、签认,审批手续齐全。

6.3.2 专项施工方案

6.3.2.1 项目经理部应按相关规定编制危险性较大的分部分项工程专项施工方案。方案中安全措施应操作性强,内容齐全。

6.3.2.2 施工方案应按规定进行审批和论证。项目经理部不得擅自修改、调整专项施工方案,如因设计、结构、外部环境等因素发生变化确需修改的,修改后应按规定重新审核、批准、论证。

6.3.2.3 项目经理部应按规定编制临时用电组织设计或临时用电方案,审批手续应齐全。

6.3.3 安全技术交底

6.3.3.1 项目经理部应制定安全技术交底制度。

6.3.3.2 项目经理部逐级交底应记录清晰、签字齐全，内容应有针对性。

6.3.3.3 项目经理部应建立交底台账。

6.3.4 风险管控

6.3.4.1 项目经理部应开展风险的辨识与评价工作。

6.3.4.2 项目经理部应根据评价结果制定分级风险管控措施。

6.3.4.3 项目经理部应对重大风险源制定安全管理方案和应急预案，并应对作业人员进行书面告知。

6.3.4.4 项目经理部应按规定开展桥隧施工和高边坡施工安全风险评估。

6.3.4.5 项目经理部应按规定开展地质灾害评估。

6.3.5 应急预案及演练

6.3.5.1 项目经理部应制定综合应急预案、专项应急预案及现场处置方案，并以文件形式发布。

6.3.5.2 项目经理部应定期开展应急预案的培训和演练，并及时进行评审和修订。

6.3.5.3 项目经理部应建立专(兼)职的应急队伍，配备相应的应急物资。

6.4 安全管理档案

6.4.1 应建立健全安全管理档案。

6.4.2 各类安全管理档案资料应完整、有效。

6.5 安全专项活动

6.5.1 活动安排

6.5.1.1 项目经理部应根据相关规定制定安全专项活动方案。

6.5.1.2 安全专项活动应按照方案实施。实施前项目经理部应制订实施计划，结束后应进行总结。

6.5.2 考核评价

项目经理部对各安全专项活动应有考核评价，资料应真实、准确。

6.6 施工现场布设

6.6.1 施工驻地

6.6.1.1 办公区、生活区、作业区应分开设置，选址应符合相关规定、布局合理，办公区和生活区应封闭管理。

6.6.1.2 办公区、生活区不得存放易燃易爆等危险品。

6.6.1.3　职工的膳食、饮水、休息场所、医疗救助设施等应当符合安全卫生标准。

6.6.1.4　装配式房屋应有合格证书,其安全性应符合相关规定。

6.6.2　拌和站、预制场、钢筋加工场

6.6.2.1　钢筋加工场、预制场、拌和站等选址应符合安全、环保要求,区域划分应合理,标识明显;其安装、拆除应符合相关规定。

6.6.2.2　拌和站、预制场和钢筋加工场地面应硬化,周边排水系统应完善。

6.6.2.3　构件存放层数和间距应符合相关规定,并应采取有效的防倾覆措施。

6.6.2.4　防雨棚应稳固。

6.6.2.5　张拉作业应有安全防护措施,设立警戒区。

6.6.2.6　施工现场搅拌设备检修、清理料仓时,应停机并切断电源,应设置明显标志并应有专人看守。

6.6.3　临时用电

6.6.3.1　项目经理部应按照施工现场临时用电组织设计或方案进行布设和使用。

6.6.3.2　变配电设备设施、电缆、照明灯具的安全性等应符合相关规定。

6.6.4　消防安全

6.6.4.1　办公区、生活区、作业区应设置消防安全设施总平面布置图。

6.6.4.2　施工现场消防设施、消防通道布设应符合相关规定。

6.6.4.3　消防区域应悬挂责任铭牌。

6.6.5　施工便道便桥

6.6.5.1　便桥应进行专项设计和受力验算,应验收合格后方可使用。

6.6.5.2　便道危险路段、便桥位置应设置安全标志。

6.7　安全防护

6.7.1　防护栏杆、安全网及其他防打击、防坠落措施

6.7.1.1　高处、临边、临水作业应设置作业平台、防护栏杆及安全网。

6.7.1.2　施工现场下方有人员通行或作业的,应设置挡脚板、防滑设施、安全网、安全通道等。

6.7.2 文明施工、安全警示标识、标牌

6.7.2.1 施工现场明显位置应设置“五牌一图”。

6.7.2.2 交通要道、重要作业场所,危险区域应设置安全警示标识、标牌。

6.7.2.3 现场机械设备应按相关规定设置统一标识铭牌,张贴安全操作规程。

6.7.3 防雷设备

拌和、打桩和起重等高耸设备及其他电气设备应按规定设置防雷设施。

6.7.4 个体防护

6.7.4.1 项目经理部使用的劳动防护用品应符合国家和行业的相关规定。

6.7.4.2 进入施工现场的从业人员应按规定配置和正确使用劳动防护用品。

6.8 施工作业

6.8.1 高处作业

6.8.1.1 高处作业应按相关规定设置人员上下专用通道。

6.8.1.2 作业平台的设置应符合相关规定,脚手板应铺满且固定牢固。

6.8.2 支架脚手架

6.8.2.1 施工现场搭设和拆除支架脚手架应满足专项施工方案要求。

6.8.2.2 支架和脚手架基础应满足承载力要求,周边应有防排水设施。

6.8.2.3 搭设支架和脚手架的材料应有出厂合格证明,并按规定进行抽检。

6.8.2.4 承重支架搭设和拆除应制定专项施工方案,并按审批过的方案进行安装与拆除。承重支架搭设后应按规定组织验收,验收通过后应挂牌告知。

6.8.2.5 搭设高度大于10m的脚手架应设置缆风绳等防倾覆措施。

6.8.3 模板

6.8.3.1 大型模板搭设和拆除应有经审批的专项施工方案。

6.8.3.2 模板制作、存放、使用、安装、拆除应满足方案要求。

6.8.3.3 大型模板使用前应组织验收。

6.8.4 特种设备

6.8.4.1 安全使用登记标志应悬挂于明显位置。

6.8.4.2 特种设备操作人员应持证上岗。

6.8.4.3 垂直升降设备不得超载运行,其基础承载力、临边防护、防排水等应符合相关规定,架体附着装置应牢固。

6.8.4.4 塔吊基础和架体附着装置应牢固,轨道式起重机限位及保险装置应有效。

6.8.5 基坑施工

6.8.5.1 深基坑施工应编制专项施工方案,并应按审批过的方案开挖和支护。

6.8.5.2 基坑周围的机械设备和堆存的物料等距基坑边缘的距离应满足边坡稳定或设计的相关规定。

6.8.5.3 基坑内上下交叉作业应采取安全防护措施,上下基坑应设安全通道。

6.8.5.4 降排水系统应合理可靠。

6.8.5.5 深基坑边坡、支护结构、临时围堰等应进行沉降和位移监测。

6.8.5.6 堆载安全间距及安全防护应符合设计或相关技术规程的规定。

6.9 桥梁工程

6.9.1 基础施工

6.9.1.1 基础施工应按照审批过的方案实施。

6.9.1.2 作业区域应设置警戒设施及警示灯。

6.9.1.3 泥浆池应设置围护设施及安全警示标识。

6.9.2 墩台

6.9.2.1 高墩台施工应按审批过的专项施工方案实施。

6.9.2.2 墩台施工应搭设脚手架及安全作业平台,搭设及拆除时周边应设立警戒线。

6.9.2.3 墩台作业应设置人员上下专用通道并满足使用安全。不得使用塔吊、汽车吊载人上下。

6.9.2.4 墩身或塔身高度超过 40m 的桥梁应安装附着式电梯,出入口应设置防护设施。

6.9.2.5 模板支撑系统的强度、刚度、稳定性应符合相关规定,支撑材料进场验收数据应真实、记录齐全。

6.9.3 桥梁上部结构施工

6.9.3.1 桥梁上部结构施工应按审批过的专项施工方案实施。

6.9.3.2 满堂支撑架应经过安全验算，并应按规定进行预压试验。基础承载力应满足荷载与规范要求，并应按规定进行检测，检测记录数据应真实、签字齐全。

6.9.3.3 挂篮应经设计和安全验算，按方案组拼后，进行全面检查，并应按相关规定进行预压试验。

6.9.3.4 梁板吊装时应设立警戒区，就位后应及时进行稳固。

6.9.3.5 桥面系施工临边及孔洞应设置安全防护栏杆、安全网及安全警示标识。

6.9.3.6 龙门吊、架桥机等特种设备应取得安全使用登记证书。限位、防溜逸等设施应齐全、有效。

6.9.3.7 梁板张拉作业应符合相关规定。

6.9.3.8 跨线桥梁施工应按照审批过的专项施工方案搭设、拆除跨线防护棚架。

6.9.3.9 跨线作业交通安全标志应符合规定。

6.10 隧道工程

6.10.1 基本要求

6.10.1.1 隧道洞口应设置值班室(或监控室)，对进出洞人员应执行登记管理。

6.10.1.2 1km以上隧道宜配置电子门禁系统和电子安全监控系统。

6.10.1.3 隧道内坑洞、临边部位等应设立防护栏及醒目的安全警示标识。

6.10.1.4 作业台车防护应符合相关规定，并应设置醒目的警示标识。

6.10.1.5 现场急救箱内物品、设备应齐全、有效。

6.10.1.6 施工现场应设置灭火器、消防水池、消防用沙等消防设施。

6.10.2 洞身开挖

6.10.2.1 洞口工程应按审批过的专项施工方案实施。洞门、防护工程及截排水系统应施作及时、完整。

6.10.2.2 洞口相关监控量测点布点应符合设计要求及相关规定。

6.10.2.3 施工作业台架、台车各类防坠设施、安全警示标识应设置齐全，安全可靠。

6.10.2.4 洞内不得临时堆放易燃易爆物品。

6.10.2.5 施工现场应设置风险源告知牌及安全警示标识。

6.10.2.6 洞身应按审批过的专项施工方案开挖，不得擅自变更开挖方法。

6.10.2.7 施工现场应按照设计要求进行超前支护。

6.10.2.8 隧道爆破应进行钻爆设计,并应按审批过的方案实施。

6.10.3 初期支护及二衬

6.10.3.1 初期支护和二衬应按方案实施。初期支护背后不得出现空腔或填充物。

6.10.3.2 仰拱与掌子面、二衬与掌子面的安全步距应符合设计要求及相关规定。

6.10.3.3 拱架安装应符合设计要求及相关规定。

6.10.3.4 系统锚杆施工应符合设计要求及相关规定。

6.10.3.5 初期支护各类检测应及时、有效,检测报告应签字齐全。

6.10.4 监控量测与超前地质预报

6.10.4.1 项目经理部应根据设计文件要求,制定监控量测及超前地质预报专项施工方案,并应按方案组织实施。

6.10.4.2 长大隧道和不良地质隧道应进行超前地质预报。

6.10.4.3 监控量测应满足相关规定,布点数量、位置应符合相关规定,监测项目及资料数据应真实、签字齐全。

6.10.4.4 项目经理部应对量测数据进行分析,项目负责人和技术负责人应签字齐全。

6.10.4.5 超前地质预报频次及预报长度应符合相关规定。

6.10.4.6 地质预报和监测仪器证书应齐全、标定有效。

6.10.4.7 项目经理部应对掌子面及围岩稳定性开展巡视检查,检查记录应真实、签字齐全。

6.10.5 逃生通道

6.10.5.1 长大隧道、不良地质及软弱围岩隧道的二衬与掌子面间应设置逃生通道,逃生通道距离掌子面不应大于20m。

6.10.5.2 逃生通道的刚度、强度及抗冲击力应符合相关规定。

6.10.6 通风、防尘、照明、排水及消防、应急管理

6.10.6.1 隧道内通风应按批准的方案配置通风设施。

6.10.6.2 项目经理部应对有毒有害气体进行检测,检测记录应齐全、有效。

6.10.6.3 掘进里程超过150m时,应采用机械式强制通风。

6.10.6.4 压入式通风管的送风口距掌子面不应超过15m,排风式风管吸风口距掌子面不应超过5m,洞外风机距

离洞口不宜少于30m,且通风量应符合相关规定。

6.10.6.5 隧道内应照明充足,照明用电应与动力用电分开。作业区域应使用安全照明电压。

6.10.6.6 隧道排水设施应完善、有效。

6.10.6.7 隧道施工应设置应急救援仓库,应配备足够数量的应急救援设备、设施和消防器材。

6.10.6.8 施工现场应设立应急逃生路线灯视引导系统。

6.10.7 瓦斯隧道

6.10.7.1 瓦斯隧道施工应按照审批过的专项施工方案施工。

6.10.7.2 瓦斯隧道应使用具有防爆性能的电气设备、设施、车辆及照明系统。

6.10.7.3 施工现场应配置瓦斯检测仪,掌子面瓦斯浓度超标时不得施工。

6.10.8 通信信息管理

6.10.8.1 隧道内应保持通信畅通,与洞外的应急联络应快捷有效。

6.10.8.2 长大隧道施工应配备远程监控系统。

6.10.8.3 项目经理部宜对作业人员进行定位信息管理。

6.11 路基工程

6.11.1 边坡施工

6.11.1.1 高边坡、滑坡体、危石段安全防护措施应符合相关规定,并应设置风险源告知牌等。

6.11.1.2 高边坡施工应自上而下,多级边坡不得同时立体交叉作业。

6.11.1.3 挡土墙施工应符合相关规定,相关排水设施应完善。

6.11.2 路基施工

6.11.2.1 路基土石方爆破作业应按审批过的专项施工方案实施。爆破作业时应设置警戒区。

6.11.2.2 高填深挖路基施工作业应符合安全规定。施工便道应符合相关规定,危险路段防护措施应到位、警示标识应正确、齐全。

6.11.2.3 施工机械及运输车辆应编号统一,休工时应摆放有序。

6.11.2.4 项目经理部应对改扩建工程施工项目制定交通保畅方案。施工现场应设置必要的隔离或防护等临时设施,应摆放有效的交通疏导、限速、照明、安全警示等标志。

6.12 路面工程

6.12.1 施工区域应实行交通导改。
6.12.2 工程施工车辆不得违规载人。
6.12.3 路面摊铺机、压实机械等设备夜间停放应有反光警示装置。
6.12.4 摊铺施工期应按规定配置专职安全员。

6.13 施工船舶及临时电缆

6.13.1 施工船舶

6.13.1.1 施工船舶的证书应齐全。施工船舶按规定配备的消防、通信、救生、堵漏、锚缆和安全警示设施等设备应符合相关规定、安全有效。施工船舶应按相关规定配备持证船员。
6.13.1.2 陆用施工机械上驳船组合作业应制定专项施工方案,并应附具船舶稳性和机构强度验算结果。
6.13.1.3 船舶应在核定航区或作业水域内作业。
6.13.1.4 船舶不得在未成型的码头、墩台或其他构筑物上系挂缆绳,不得超载或偏载。
6.13.1.5 船舶不得在超过核定航行和作业条件的情况下作业。
6.13.1.6 交通船应持证运营并配备救生设备,不得超载。

6.13.2 临时电缆敷设

6.13.2.1 临时电缆线不得布设在船舶进出航道、抛锚区和锚缆摆动区。
6.13.2.2 水上或潮湿地带作业的施工电缆应绝缘良好且具有防水功能,接头部分应进行防水处理。

6.14 码头工程或通航建筑物

6.14.1 打入桩基施工

6.14.1.1 桩基施工的沉桩区域应设置明显的安全警示标志。
6.14.1.2 施工现场作业前应对沉桩设备、安全装置进行检查。
6.14.1.3 水上沉桩前应进行水下探查,应清除水下障碍物,并应按规定削坡。
6.14.1.4 吊桩绳扣、滑车、索具等应经计算后选用。
6.14.1.5 陆域沉桩后,低于地面的桩孔或不高于地面0.8m的管桩应设置安全护栏或盖板,并应设置安全警示标识。

6.14.2 沉箱出运与安装

6.14.2.1 沉箱浮运拖带前应按相关规定进行漂浮试验,

拖带中,沉箱顶部应设置航行标志。

6.14.2.2 沉箱吃水、压载和浮游稳定应按相关规范进行验算,并应满足安全要求。

6.14.2.3 沉箱移运前应对气囊额定工作压力、牵引设施、移运通道等进行检查或试验,应按相关规定划定作业区、设置安全警戒线。

6.14.2.4 半潜驳下潜、沉箱起浮时,风力、波高、流速等工况条件应满足半潜驳作业性能和沉箱起浮的安全要求。

6.14.3 水上水下作业

6.14.3.1 作业平台搭设应进行安全验算,并应定期检查维护。

6.14.3.2 水上人行通道的设置应符合相关规定。

6.14.3.3 潜水员应持证上岗,潜水作业应有专人指挥。

6.14.4 水上构件吊装

6.14.4.1 施工现场应按审批过的方案施工,现场应有专人指挥。

6.14.4.2 吊装使用的钢丝绳应安全可靠,磨损、断丝不得超标。

6.14.4.3 起重设备的基础、轨道固定应符合安全要求,保险、限位等装置应齐全有效。

6.14.4.4 构件吊装就位后应及时进行稳固。

6.15 航道工程

6.15.1 爆破作业

6.15.1.1 从事爆破工程的施工单位及爆破作业人员应具有相应的爆破资质证书、作业许可证及资格证书。

6.15.1.2 爆破工程施工应得到有关部门批准。

6.15.1.3 施工现场采用钻孔爆破船施工时,临时存放的炸药和雷管应分仓放置,并专人监管。

6.15.2 水上抛石以及沉排铺排、充沙袋作业

6.15.2.1 施工现场抛石后或船舶在拖航过程中,应对施工机械进行封固。

6.15.2.2 铺排船上的起重设备吊装及展开排布应有专人指挥,沉排、铺排应按相关规定作业。

6.15.2.3 沙袋或沙枕沉放前,应检查沉放架的制动装置。

6.15.3 耙吸船及绞吸船放射源的管理

6.15.3.1 放射源测量装置的存储及使用应符合相关规定,其使用记录应保留完整。

6.15.3.2 放射源测量装置应检定有效。项目经理部应按相关规定对放射源测量装置定期自测。

6.16 船舶调遣与避风

6.16.1 船舶调遣

6.16.1.1 项目经理部应制订调遣、拖航计划和应急预案,并应召开调遣会议,应掌握水文气象信息,确定开航时间,落实安全技术措施。

6.16.1.2 船舶不宜在封冻水域进行长途调遣拖航。

6.16.1.3 在封舱加固时,项目经理部应绘制物件摆放及封固图,并应对船舶稳性进行校核,对船龄较长、航程较远船舶的船体钢板应进行测厚检查。

6.16.1.4 起重、打桩、疏浚等施工船舶的吊臂、桩架、臂架和活动物件,应进行封固。

6.16.1.5 桩锤、替打等应平放于甲板上,并应用枕木垫起,封焊应牢固。

6.16.1.6 启航后,项目经理部应按拖航主管部门的要求报告船舶的航行动态,应实施24h值班制度。

6.16.1.7 在调遣途中需避风锚泊时,拖船应及时报告原因及预计续航时间,并应按避风港的港章、港规和指定地点进港停船或锚泊。

6.16.2 船舶避风

6.16.2.1 施工船舶的抗风浪能力应满足施工水域的工况条件,季风期间,施工船舶应适度加长锚缆。

6.16.2.2 项目经理部和施工船舶应每天按时收听气象和海浪预报,加强对水文气象的分析。

6.16.2.3 施工船舶的门窗、舱口、孔洞的水密设施应完好,排水系统应通畅,管系阀门等应灵活有效。必要时,可配备移动式抽水机。

6.16.2.4 施工船舶上的桩架、起重臂、桥架、钩头、桩锤、抓斗和挖掘机、起重机等主要活动设备均应备有封固装置。

6.16.2.5 施工船舶应加强起重臂、打桩架、定位钢桩、臂架和锚缆等设施的观察,风浪可能对船舶或设备造成威胁时,应停止作业。

6.16.2.6 避风锚地应选择在具有天然或人工屏障,且水文条件、水域面积适宜的水域。

6.16.2.7 在台风期间,施工船舶应及时抵达避风锚地,应执行高频(VHF)守听制度,及时收听、记录气象预报及台风警报,并应与项目经理部保持密切联系。

附件2　交通运输部关于印发《交通运输企业安全生产标准化建设评价管理办法》的通知

交安监发〔2016〕133号

各省、自治区（直辖市）、长江航务管理局：

为深入贯彻落实《中华人民共和国安全生产法》，大力推进企业安全生产标准化建设，现将《交通运输企业安全生产标准化建设评价管理办法》印发给你们，请遵照执行。

交通运输部

2016年7月26日

交通运输企业安全生产标准化建设评价管理办法

第一章　总　　则

第一条　为推进交通运输企业安全生产标准化建设，规范评价工作，促进企业落实安全生产主体责任，依据《中华人民共和国安全生产法》，制定本办法。

第二条　本办法适用于中华人民共和国境内交通运输企业安全生产标准化建设评价及其监督管理工作。

第三条 交通运输部负责全国交通运输企业安全生产标准化建设工作的指导,具体负责一级评价机构的监督管理。

省级交通运输主管部门负责本管辖范围内交通运输企业安全生产标准化建设工作的指导,具体负责二、三级评价机构的监督管理。

长江航务管理局、珠江航务管理局分别负责行政许可权限范围内的长江干线、西江干线省际航运企业安全生产标准化建设工作的指导,具体负责二、三级评价机构的监督管理(以上部门和单位统称为主管机关)。

第四条 交通运输企业安全生产标准化建设按领域分为道路运输、水路运输、港口营运、城市客运、交通运输工程建设、收费公路运营六个专业类型和其他类型(未列入前六种类型,但由交通运输管理部门审批或许可经营)。

道路运输专业类型含道路旅客运输、道路危险货物运输、道路普通货物运输、道路货物运输站场、汽车租赁、机动车维修和汽车客运站等类别;水路运输专业类型含水路旅客运输、水路普通货物运输、水路危险货物运输等类别;港口营运专业类型含港口客运、港口普通货物营运、港口危险货物营运等类别;城市客运专业类型含城市公共汽车客运、城市轨道交通运输和出租汽车营运等类别;交通运输工程建设专业类型含交通运输建筑施工企业和交通工程建设项目等类别;收费公路运营专业类型含高速公路运营、隧道运营和桥梁运营等类别。

第五条 交通运输企业安全生产标准化建设等级分为一级、二级、三级,其中一级为最高等级,三级为最低等级。水路危险货物运输、水路旅客运输、港口危险货物营运、城市轨道交通、高速公路、隧道和桥梁运营企业安全生产标准化建设等级不设三级,二级为最低等级。

交通运输企业安全生产标准化建设标准和评价指南,由交通运输部另行发布。

第六条 交通运输企业安全生产标准化建设评价工作应坚持“政策引导、依法推进、政府监管、社会监督”的原则。

第七条 交通运输企业安全生产标准化建设评价及相关工作应统一通过交通运输企业安全生产标准化管理系统(简称管理系统)开展。

第八条 交通运输部通过购买服务委托管理维护单位,具体承担管理系统的管理、维护与数据分析、评审员能力测试题库维护、评价机构备案和档案管理等日常工作。各省级主管机关可根据需要通过购买服务委托省级管理维护单位承担相关日常工作。

第九条 管理维护单位应具备以下条件:

(一)具有独立法人资格,从事交通运输业务的事业单位或经批准注册的交通运输行业社团组织；

（二）具有相适应的固定办公场所、设施和必要的技术条件；

（三）配有满足工作所需的管理和技术人员；

（四）3年内无重大违法记录，信用状况良好；

（五）具有完善的内部管理制度；

（六）法律、法规规定的其他条件。

第十条　主管部门应与委托的管理维护单位签订合同或协议，明确委托工作任务、要求及相关责任。

第十一条　管理维护单位因自身条件变化不满足第九条要求或不能履行合同承诺的，主管机关应解除合同并及时向社会公告。

第二章　评　审　员

第十二条　评审员是具有企业安全生产标准化建设评价能力，进入评审员名录的人员。

第十三条　凡遵守法律法规，恪守职业道德，符合下列条件，通过管理系统登记报备，经公示5个工作日，公示结果不影响登记备案的，自动录入评审员名录。

（一）具有全日制理工科大学本科及以上学历；

（二）具备中级及以上专业技术职称，或取得初级技术职称5年以上；

（三）具有5年及以上申报专业类型安全相关工作经历；

（四）身体健康，年龄不超过70周岁；

（五）同时登记备案不超过3个专业类型；

（六）通过管理系统相关专业类型专业知识、技能和评价规则的在线测试；

（七）申请人5年内未被列入政府、行业黑名单或1年内未被列入政府、行业公布的不良信息名录；

（八）评审员承诺备案信息真实，考评活动中严格遵守国家有关法律法规，不弄虚作假、提供虚假证明，一旦违反，自愿退出交通运输企业安全生产标准化建设评价相关活动。

第十四条　评审员按专业类型自愿申请登记在一家评价机构后，方可从事交通运输企业安全生产标准化建设评价工作，登记完成后12个月内不可撤回。

第十五条　评审员应按年度开展继续教育学习，自登记备案进入评审员名录后，每12个月周期内均应通过管理系统进行继续教育在线测试。通过测试的，可继续从事企业安全生产标准化建设评价工作；未通过测试的，暂停参加评价活动，直至通过继续教育测试。继续教育测试不收取任何费用。

第十六条 部级管理维护单位应按年度发布评审员继续教育测试大纲，评审员年度继续教育测试大纲应包含以下内容：

（一）相关专业的安全生产法律、法规、标准规范；

（二）交通运输企业安全生产标准化建设有关新政策；

（三）应更新的安全生产专业知识。

第十七条 评审员个人信息变动应于5个工作日内通过管理系统报备。

第十八条 评审员向受聘的评价机构申请不再从事企业安全生产标准化建设评价工作，或年龄超过70周岁的，部管理维护单位应在5个工作日内注销其备案信息。

第三章 评价机构

第十九条 评价机构是指满足评价机构备案条件，完成管理系统登记报备，从事交通运输企业安全生产标准化建设评价的第三方服务机构。

第二十条 评价机构分为一、二、三级。一级评价机构向交通运输部备案，二、三级评价机构向省级主管机关备案。

一级评价机构可承担申请一、二、三级的企业安全生产标准化评价工作，二级评价机构可承担备案地区申请二、三级的企业安全生产标准化评价工作，三级评价机构可承担备案地区申请三级的企业安全生产标准化评价工作。

第二十一条 凡符合以下条件，通过管理系统登记备案，经公示5个工作日，公示结果不影响登记备案的，自动录入评价机构名录。

（一）从事交通运输业务的独立法人单位或社团组织；

（二）具有一定的交通运输企业安全生产标准化建设评价或交通运输安全生产技术服务工作经历；

（三）具有相适应的固定办公场所、设施；

（四）具有一定数量专职管理人员和相应专业类型的自有评审员；

（五）初次申请一级评价机构备案，应已完成本专业类型二级评价机构备案1年以上，并具有相关评价经历；

（六）建立了完善的管理制度体系；

（七）单位或法定代表人3年内未被列入政府、行业黑名单或1年内未被列入政府、行业公布的不良信息名录；

（八）评价机构同一等级登记备案不超过3个专业类型；

（九）评价机构承诺备案信息真实，严格遵守国家有关法律法规，不弄虚作假、提供虚假证明，一旦违反，自愿退出交通运输企业安全生产标准化建设评价相关活动；

（十）满足其他法律法规要求。

以上第一至五款评价机构具体备案条件见附录A。

第二十二条 评价机构进入评价机构名录后，备案信息有效期5年，并向社会公布。备案信息公布内容应包含评价机构的名称、法定代表人、专业类型、等级、地址和印模、备案号和有效期等。

第二十三条 评价机构可在登记备案期届满前1个月通过管理系统进行延期备案，延期备案符合下列条件，经公示5个工作日后，结果不影响延期备案的，自动延长备案期5年。

(一)单位经营资质合法有效；

(二)未被主管机关列入公布的不良信息名录；

(三)满足该等级评价机构登记备案条件。

第二十四条 评价机构名称、地址或法定代表人变更，或从事专职管理和评价工作的人员变动累计超过25%的，应通过管理系统进行信息变更备案。

第二十五条 评价机构应不断完善内部管理制度，严格规范评价过程管理，并对评价和年度核查结论负责。

第二十六条 评价机构应按年度总结评价工作，于次年1月底前通过管理系统报管理维护单位，管理维护单位汇总分析后，形成年度报告报主管机关。

第二十七条 评价机构在妥善处置其负责评价和年度核查相关业务后，可向登记备案的管理维护单位申请注销其评价机构备案信息，管理维护单位核实相关业务处置妥善后应在5个工作日内完成备案注销工作，并通过管理系统向社会公布。评价机构申请注销的，2年内不得重新备案，所聘评审员自动恢复未登记评价机构状态。

第四章 评价与等级证明颁发

第二十八条 评价机构负责交通运输企业安全生产标准化建设评价活动的组织实施和评价等级证明的颁发。

第二十九条 交通运输企业安全生产标准化建设评价包括初次评价、换证评价和年度核查三种形式。

第三十条 交通运输企业安全生产标准化建设等级证明应按照交通运输部规定的统一样式制发，有效期3年。

第三十一条 已经通过低等级交通运输企业安全生产标准化建设评价的企业申请高等级交通运输企业安全生产标准化建设评价的，评价及颁发等级证明应按照初次评价的有关规定执行。

第三十二条 交通运输企业应根据经营范围分别申请相应专业类别建设评价，属同一专业类型不同专业类别的，可合并评价。

第三十三条 交通运输企业申请安全生产标准化建设评价应遵循以下规定：

（一）依照法律法规要求自主申请；

（二）自主选择相应等级的评价机构；

（三）评价过程中，向评价机构和评审员提供所需工作条件，如实提供相关资料，保障有效实施评价；

（四）有权向主管机关、管理维护单位举报、投诉评价机构或评审员的不正当行为。

第三十四条 交通运输企业在取得安全生产标准化等级证明后，应根据评价意见和标准要求不断完善其安全生产标准化管理体系，规范安全生产管理和行为，形成可持续改进的长效机制，并接受主管机关、评价机构的监督。

第一节 初次评价

第三十五条 申请初次评价应具备以下条件：

（一）具有独立法人资格，从事交通运输生产经营建设的企业或独立运营的实体；

（二）具有与其生产经营活动相适应的经营资质、安全生产管理机构和人员，并建立相应的安全生产管理制度；

（三）近1年内没有发生较大以上安全生产责任事故；

（四）已开展企业安全生产标准化建设自评，结论符合申请等级要求。

第三十六条 交通运输企业应通过管理系统向所选择的评价机构提出企业安全生产标准化建设评价申请，申报初次评价应提交以下资料：

（一）标准化建设评价申请表（样式由管理系统提供）；

（二）法律法规规定的企业法人营业执照、经营许可证、安全生产许可证等；

（三）企业安全生产标准化建设自评报告。自评报告应包含：企业简介和安全生产组织架构；企业安全生产基本情况（含近3年应急演练、一般以上安全事故和重大安全事故隐患及整改情况）；从业人员资格、企业安全生产标准化建设过程；自评综述、自评记录、自评问题清单和整改确认；自评评分表和结论等。

第三十七条 评价机构接到交通运输企业评价申请后，应在5个工作日内完成申请材料完整性和符合性核查。核查不通过的，应及时告知企业，并说明原因。评价机构对申请材料核查后，认为自身能力不足或申请企业存在较大安全生产风险时，可拒绝受理申请，并向其说明，记录在案。

第三十八条 企业申请资料核查通过后，评价机构应成立评价组，任命评价组长，制定评价方案，提前5个工作日告知当地主管机关后，满足下列条件，可启动现场评价。

（一）评价组评审员不少于3人，其中自有评审员不少于1人；

（二）评价组长原则上应为自有评审员，且具有2年和

8家以上同等级别企业安全生产标准化建设评价经历，3年内没有不良信用记录，并经评价机构培训，具有较强的现场沟通协调和组织能力；

（三）评价组应熟悉企业评价现场安全应急要求和当地相关法律法规和标准规范要求。

第三十九条 评价机构应在接受企业评价申请后30个工作日内完成对企业的现场评价工作，并提交评价报告。

第四十条 现场评价工作完成后，评价组应向企业反馈发现的安全事故隐患和问题、整改建议及现场评价结论，形成现场评价问题清单，问题清单应经企业和评价组签字确认。现场发现的重大安全事故隐患和问题应向负有直接安全生产监督管理职责的交通运输管理部门和相应的主管机关报告。

第四十一条 企业对评价发现的安全事故隐患和问题，在现场评价结束30日内按要求整改到位的，经申请，由评价机构确认整改合格，所完成的整改内容可视为达到相关要求；对于不影响评价结论的安全事故隐患和问题，企业应按评价机构有关建议积极组织整改，并在年度报告中予以说明。

第四十二条 评价案卷应包含下列内容：

（一）申请资料核查记录及结论；

（二）现场评价通知书（应包含评价时间、评价组成员等）；

（三）评价方案；

（四）企业安全生产重大问题整改报告及验证记录；

（五）评价报告，包括现场评价记录、现场收集的证据材料、问题清单及整改建议、评价结论及评价等级意见；

（六）其他必要的评价证据材料。

第四十三条 评价机构应对评价案卷进行审核，形成评价报告（附评价综述、评价结论和现场发现问题清单）及其他必要的评价资料通过管理系统向管理维护单位报备。评价机构评价结论认为符合颁发评价等级证明的，应报管理维护单位向社会公示5个工作日；公示结果不影响评价结论的，评价机构应向企业颁发交通运输企业安全生产标准化评价等级证明。

第四十四条 企业对评价结论存有异议的，可向评价机构提出复核申请，评价机构应针对复核申请事项组织非原评审员进行逐项复核，复核工作应在接受企业复核申请之日起20个工作日完成，并反馈复核意见。企业对评价机构复核结论仍存异议的，可选择其他评价机构申请评价。涉及评价机构评价工作不公正和违规行为的，企业可向相应管理维护单位或主管机关投诉、举报。

第四十五条 交通运输企业安全生产标准化建设等级证明格式由交通运输部统一规定（附录B），证明应注明类型、类别、等级、适用范围和有效期等。

第四十六条 管理维护单位应在收到评价机构报备的评价等级证明、评价报告等资料5个工作日内，向社会公布获得交通运输企业安全生产标准化建设等级证明的企业和评价机构有关信息，接受社会监督。

第二节 换证评价

第四十七条 已经取得安全生产标准化评价等级证明的企业在证明有效期满之前可向评价机构申请换证评价，换证完成后，原证明自动失效。

第四十八条 企业申请换证评价时，应提交以下材料：

（一）企业法人营业执照、经营许可证等；

（二）原交通运输企业安全生产标准化建设等级证明；

（三）企业换证自评报告和企业基本情况、安全生产组织架构；

（四）企业安全生产标准化运行情况，以及近3年安全生产事故或险情、重大安全生产风险源及管控、重大安全事故隐患及治理等情况。

第四十九条 申请换证的企业在取得等级证明3年且满足下列条件，在原证明有效期满之日前3个月内可直接向评价机构申请换发同等级企业安全生产标准化建设等级证明：

（一）企业年度核查等级均为优秀（含换证年度）；

（二）企业未发生一般及以上等级安全生产责任事故；

（三）企业未发生被主管机关安全生产挂牌督办或约谈；

（四）企业安全生产信用等级评为B级以上；

（五）企业未违反其他安全生产法律法规有关规定；

（六）安全生产标准化建设标准发生变化的，年度核查或有关证据证明其满足相关要求。

第五十条 换证评价及等级证明颁发的流程、范围和方法按照初次评价的有关规定执行。

第三节 年度核查

第五十一条 企业取得安全生产标准化建设等级证明后，有效期内应按年度开展自评，自评时间间隔不超过12个月，自评报告应报颁发等级证明的评价机构核查。

第五十二条 评价机构对企业年度自评报告核查发现以下问题的，可进行现场核查：

（一）自评结论不能满足原有等级要求的；

（二）自评报告内容不全或存在不实，不能真实体现企业安全生产标准化建设实际情况的；

（三）企业生产经营状况发生重大变化的，包括生产经营规模、场所、范围或主要安全管理团队等；

（四）企业未按要求及时向评价机构报告重大安全事故隐患和较大以上安全生产责任事故的；

（五）相关方对企业的安全生产提出举报、投诉；

（六）企业主动申请现场复核。

第五十三条　评价机构应在企业提交年度自评报告15个工作日内完成自评报告年度核查，需进行现场核查的，应在30个工作日内完成。

第五十四条　年度核查结论分为不合格、合格和优秀三个等级评价，并通过管理系统向社会公开。企业安全生产标准化建设运行情况不能持续满足所取得的评价等级要求，或长期存在重大安全事故隐患且未有效整改的评为不合格；基本满足且对不影响评价结论的问题和重大安全事故隐患进行有效整改的评为合格；满足原评价等级所有要求，并建立有效的企业安全生产标准化持续改进工作机制，且运行良好，重大安全事故隐患和问题整改完成的，评为优秀。对于年度核查评为优秀，应由企业在年度自查报告中主动提出申请，经评价机构核查，包括进行现场抽查验证通过后，方可评为优秀。

第五十五条　评价机构对企业的年度核查评价在合格以上的，维持其安全生产标准化建设等级证明有效；年度核查评价不合格或未按要求提交自评报告的，评价机构应通知企业并提出相关整改建议，企业在30日内未经验收完成整改，或仍未提交自评报告，或拒绝评价机构现场复核的，评价机构应撤销并收回企业安全生产标准化建设等级证明，并通过管理系统向社会公告。

第五十六条　已经取得交通运输企业安全生产标准化建设等级证明的企业，在有效期内发现存在重大安全事故隐患或发生较大及以上安全生产责任事故的，应在10个工作日内向颁发等级证明的评价机构报送相关信息，评价机构可视情况开展企业安全生产标准化建设核查工作。

第五十七条　评价机构撤销企业安全生产标准化建设等级证明的，应通过管理系统向管理维护单位备案。

第四节　证明补发和变更

第五十八条　企业安全生产标准化建设等级证明遗失的，可向颁发等级证明的评价机构申请补发。

第五十九条　企业法定代表人、名称、经营地址等变更的，应在变更后30日内，向颁发等级证明的评价机构提供有关证据材料，申请对企业安全生产标准化评价等级证明的变更。

第六十条　评价机构发现申请安全生产标准化建设等级证明变更的企业的安全生产条件发生重大变化，超出第四十九条情况的，可进行现场核实，核实结果不影响变更证明的，应予以变更，核实认为企业安全生产条件不满足维持原证明等级要求的，原证明应予以撤销并通过管理系统向社会公示。

第六十一条 评价机构应在接受企业提出的证明变更申请后30日内，完成证明变更。

第五章 监督管理

第六十二条 主管机关应加强对管理维护单位、评价机构和评审员的监督管理，建立健全日常监督、投诉举报处理、评价机构和评审员信用评价、违规处理和公示公告等机制，规范交通运输企业安全生产标准化建设评价工作。省级主管机关对日常监督管理工作中发现的一级评价机构存在的违法违规行为应通过管理系统上报。

第六十三条 主管机关应采取“双随机、一公开”的突击检查方式，组织抽查本管辖范围内从事相关业务的评价机构和评审员相关工作。抽查内容应包含：机构备案条件、管理制度、责任体系、评价活动管理、评审员管理、评价案卷、现场评价以及机构能力保持和建设等。

第六十四条 交通运输管理部门应将企业安全生产标准化建设工作情况纳入日常监督管理，通过政府购买服务委托第三方专业化服务机构，对下级管理部门及辖区企业推进企业安全生产标准化建设工作情况进行抽查，抽查情况应向行业通报。

第六十五条 已经取得交通运输企业安全生产标准化评价等级证明的企业，在有效期内发生重大及以上安全生产责任事故，或1年内连续发生2次以上较大安全生产责任事故的，评价机构应对该企业安全生产标准化建设情况进行核查，不满足原等级要求的，应及时撤销其安全生产标准化等级证明。事故等级按照《生产安全事故报告和调查处理条例》(国务院令第493号)和《水上交通事故统计办法》(交通运输部令2014年15号)确定。

第六十六条 负有直接安全生产监督管理职责的交通运输管理部门应对企业安全生产标准化建设评价中发现的重大安全事故隐患及时进行核查，确认后责令企业立即整改，并依法依规追究相应人的责任。

第六十七条 主管机关应建立投诉举报渠道，公布邮箱、电话，接受实名投诉举报。

第六十八条 主管机关接到有关企业安全生产标准化建设评价实名举报或投诉的，经确认举报或投诉事项是属本单位管辖权限，应在60个工作日内完成调查核实处理，并将处理意见向举报人反馈。

第六十九条 投诉举报第一接报主管机关对确认不属

本单位管辖权限的，应在5个工作日内告知举报人，并建议其向具有管辖权限的主管机关举报。

第七十条　评审员、评价机构违背承诺，其备案信息经核实存在弄虚作假的，管理维护单位应在3个工作日内将其列入黑名单，并通过管理系统向社会公告。

第七十一条　管理维护单位应对评审员、评价机构发生的违规违纪和违反承诺等失信行为，依据评审员、评价机构信用扣分细则（见附录C）进行记录。

第七十二条　评审员、评价机构信用等级按其扣分情况分为AA、A、B、C、D共5个等级，未扣分的为AA；扣1～2分的为A；扣3～8分的为B；扣9～14分的为C；扣15～19分的为D；信用扣分超过20分（含20分）的列入黑名单。以上信用扣分按近3年扣分累计。

第七十三条　部管理维护单位应通过管理系统，按年度向社会公布管辖范围内一级评价机构、评审员3年内违规行为和信用等级汇总情况，以及评价机构所颁发等级证明的企业及其近5年发生等级以上安全生产事故情况。评审员发生信用扣分的，管理维护单位应告知评审员登记的评价机构。

省级管理维护单位应通过管理系统，按年度向社会公布管辖范围内二、三级评价机构，以及评价机构所颁发等级证明的企业及其近5年发生等级以上安全生产事故情况。

第七十四条　交通运输管理部门应将交通运输企业安全生产标准化建设情况和评价结果纳入企业安全生产信用评价范围，鼓励引导交通运输企业积极开展安全生产标准化建设。

第七十五条　交通运输管理部门应加强对企业安全生产标准化评价结果应用，作为实施分级分类、差异化监管的重要依据；对安全生产标准化未达标或被撤销等级证明的企业应加大执法检查力度，予以重点监管。客运、危险货物经营企业安全生产标准化建设评价及年度核查情况应作为企业经营资质年审和运力更新、新增审批、招投标的安全条件重要参考依据。

第七十六条　主管机关和管理维护单位的工作人员发生失职渎职的，应按规定追究相关责任人责任；评价机构的工作人员和评审员发生弄虚作假、违法违纪行为，依法依规追究相关人员法律责任。

第六章　附　　则

第七十七条　交通运输企业安全生产标准化是指企业通过落实安全生产主体责任，全员全过程参与，建立安全生产各要素构成的企业安全生产管理体系，使生产经营各环节符合安全生产、职业病防治法律、法规和标准规范的要求,人、机、环、管处于受控状态,并持续改进。

第七十八条 交通运输企业安全生产标准化建设评价是指企业安全生产标准化评价机构,依据相关法律法规和企业安全生产标准化建设标准,评价企业安全生产标准化建设情况,对评价过程中发现安全生产的问题,提出整改建议,是促进企业安全生产标准化建设工作的重要方式。

第七十九条 对企业所实施的安全生产标准化建设评价,不解除企业遵守国际、国内有关安全生产法律法规的责任和所承担的企业安全生产主体责任。

第八十条 航运企业已建立安全管理体系并取得符合证明(DOC)的,视同满足企业安全生产标准化二级达标水平。

第八十一条 省际运输企业是指从事省际间道路或水路运输的交通运输企业。

第八十二条 自有评审员是指与受聘评价机构签订正式劳动合同,且受聘评价机构已为其连续缴纳1年以上社保的人员。

第八十三条 本办法所称企业是指从事公路、水路交通运输的生产经营单位,包括直接从事生产经营行为的事业单位。

第八十四条 省级主管机关未委托管理维护单位的,本管理办法涉及的相关工作由其承担。

第八十五条 管理系统由交通运输部统一开发,委托管理维护单位负责日常维护。

第八十六条 本办法自发布之日实施,有效期5年。《关于印发交通运输企业安全生产标准化考评管理办法和达标考评指标的通知》(交安监发〔2012〕175号)及《关于印发交通运输企业安全生产标准化相关实施办法的通知》(厅安监字〔2012〕134号)同时废止。

附录 A

评价机构登记备案条件

<table>
<tr><th rowspan="2">序号</th><th rowspan="2">条件</th><th colspan="3">要　求</th><th rowspan="2">备　注</th></tr>
<tr><th>一级</th><th>二级</th><th>三级</th></tr>
<tr><td>1</td><td>固定办公场所面积</td><td>不少于 $300m^2$</td><td>不少于 $200m^2$</td><td>不少于 $100m^2$</td><td>需提供房屋产权证明或1年以上的租赁合同</td></tr>
<tr><td>2</td><td>专职管理人员</td><td>不少于8人</td><td>不少于5人</td><td>不少于3人</td><td rowspan="2">需提供人员正式劳务合同(事业单位需提供加盖单位公章的人员在职证明),连续1年以上的单位代缴纳的纳税证明和社保缴费证明</td></tr>
<tr><td>3</td><td>自有评审员</td><td>不少于30名本专业自有评审员</td><td>不少于12名本专业自有评审员</td><td>不少于6名本专业自有评审员</td></tr>
<tr><td>4</td><td>高级职称人员</td><td>不少于10人</td><td>不少于3人</td><td>不少于2人</td><td>高级职称是指国家认可的从事管理、技术、生产、检验和评估评价的高级技术人员,但不含高级经济师、高级政工师等非相关职称</td></tr>
<tr><td>5</td><td>工作经验</td><td>1. 至少具备5年以上从事交通运输相关业务领域咨询服务工作的经验。
2. 至少具备1年以上二级评价机构备案经历。
3. 已评价一定数量本专业二级企业</td><td>1. 至少具备3年以上从事交通运输相关业务领域咨询服务工作的经验。
2. 至少具备1年以上三级评价机构备案经历。
3. 已评价一定数量本专业三级企业</td><td>至少具备3年以上从事交通运输相关业务领域咨询服务工作的经验</td><td>评价机构申请备案一级资质需评价二级企业家数(新增专业类型不需要):
道路运输:200家;水路运输:80家;港口营运:50家;城市客运:100家;交通工程建设:100家。
评价机构申请备案二级资质需评价三级企业家数(新增专业类型不需要)由各省主管机关确定</td></tr>
</table>

注:上述条件为单个专业类型登记备案条件,本办法实施前已经取得评价机构证书的评价机构备案不受此条件限制;已经完成其他类型评价机构备案,增加评价机构备案类型的,不要求具有下一级评价机构备案及相关要求。二、三级评价机构备案条件为最低要求,各省级主管机关可根据具体情况参照设定相应备案条件。

附录 B

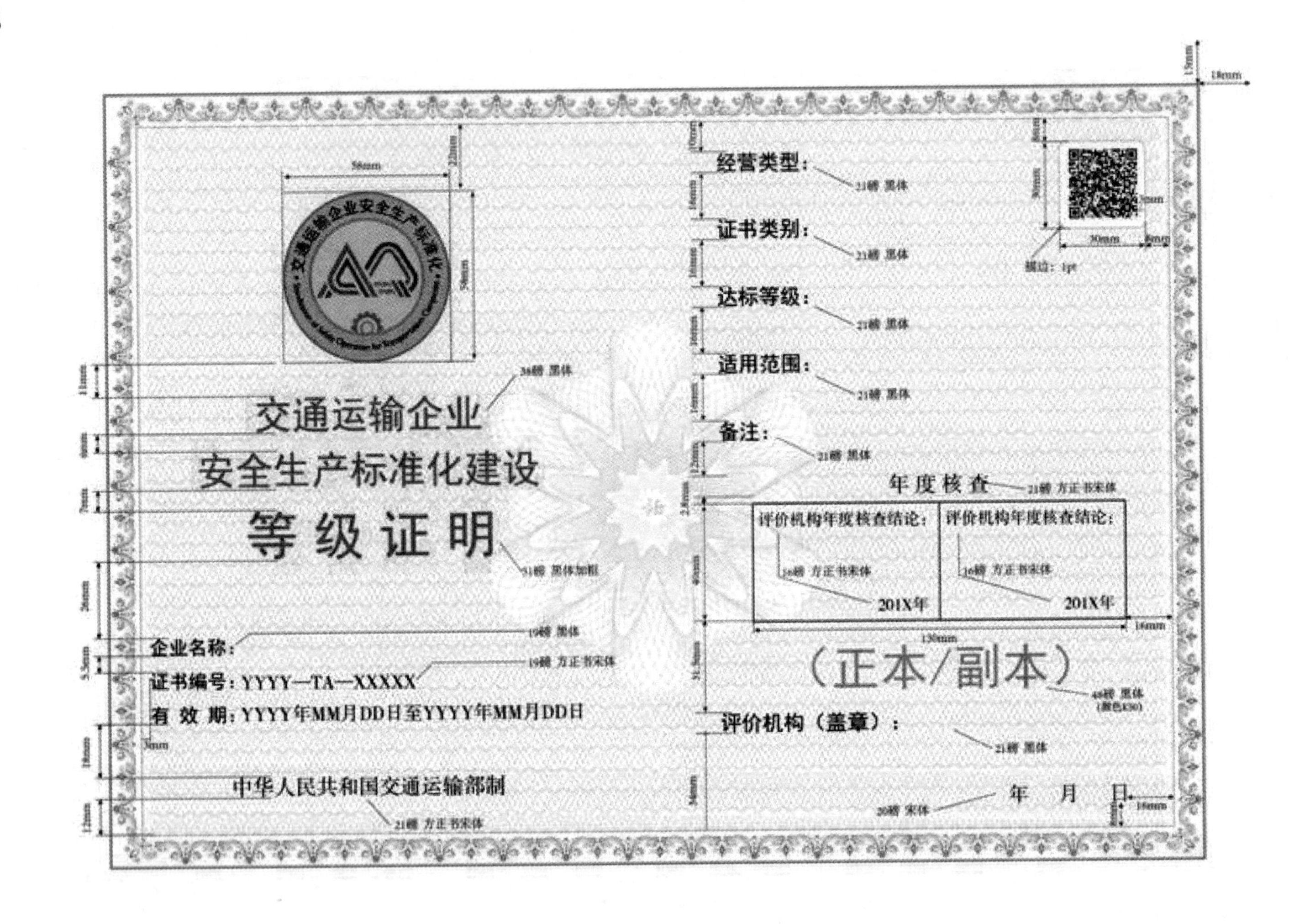
58mm
22mm
58mm
交通运输企业安全生产标准化
36磅 黑体
交通运输企业
安全生产标准化建设
等 级 证 明
51磅 黑体加粗
企业名称：
19磅 黑体
证书编号：YYYY—TA—XXXXX
19磅 方正书宋体
有 效 期：YYYY年MM月DD日至YYYY年MM月DD日
3mm
中华人民共和国交通运输部制
21磅 方正书宋体
经营类型：
21磅 黑体
证书类别：
21磅 黑体
达标等级：
21磅 黑体
适用范围：
21磅 黑体
备注：
21磅 黑体
年度核查
21磅 方正书宋体
评价机构年度核查结论：
评价机构年度核查结论：
16磅 方正书宋体
16磅 方正书宋体
201X年
201X年
130mm
16mm
（正本/副本）
48磅 黑体
评价机构（盖章）：
21磅 黑体
年 月 日
20磅 宋体
16mm
30mm
30mm
描边：1pt
18mm
15mm

证明格式及编号说明

1. 等级证明纸张大小为420mm×297mm(A3),带底纹。

2. 证明编号格式为YYYY—TA—XXXXXX。YYYY表示年份;TA表示负责颁发等级证明的评价机构监督管理的省级以上管理维护单位(01表示交通运输部,02表示北京市,03表示天津市,04表示河北省,05表示山西省,06表示内蒙古自治区,07表示辽宁省,08表示吉林省,09表示黑龙江省,10表示上海市,11表示江苏省,12表示浙江省,13表示安徽省,14表示福建省,15表示江西省,16表示山东省,17表示河南省,18表示湖北省,19表示湖南省,20表示广东省,21表示海南省,22表示广西壮族自治区,23表示重庆市,24表示四川省,25表示贵州省,26表示云南省,27表示西藏自治区,28表示陕西省,29表示甘肃省,30表示青海省,31表示宁夏回族自治区,32表示新疆维吾尔自治区,33表示新疆生产建设兵团,34表示长江航务管理局,35表示珠江航务管理局);XXXXXX表示序列号。

3. 经营类别分为道路客运运输、道路危险货物运输、道路普通货物运输、道路货物运输站场、汽车租赁、机动车维修、汽车客运站、水路客运运输、水路普通货物运输、水路危险货物运输、港口客运、港口普通货物营运、港口危险货物营运、城市公共汽车客运、城市轨道交通运输、出租汽车营运、交通运输建筑施工企业、交通工程建设项目、收费高速公路、隧道和桥梁运营等类别。

4. 评价等级分一级、二级、三级3个级别。

5. 评价机构颁发等级证明印章使用圆形封口章,名称统一为“＊＊＊企业安全生产标准化评价专用章”,“＊＊＊”为颁发等级证明的评价机构名称,“达标专用章”封口。

6. 证明电子模板可在管理系统下载。

7. 证明正本1份,副本3份。

附录 C

评审员评价机构信用扣分细则

一、评审员发生下列情形的,信用分值扣 1 分:

(一)管理维护单位对评审员评价能力、评价技巧、抽样或流程符合性提出质疑的;

(二)评审员信息发生变更,未按照规定办理变更手续的;

(三)经核实,评价期间不遵守有关纪律,迟到或提早离场的;

(四)未按评价计划实施现场评价,但不影响评价过程的。

二、评审员发生下列情形的,信用分值扣 2 分:

(一)以个人名义或未经评价机构同意,开展与评价相关活动;

(二)近 3 年内,管理维护单位对评审员评价能力、评价技巧、抽样或流程符合性提出质疑 2 次的评审员;

(三)近 3 年内,评审员参与评价的企业有 20% ~30% 发生一般等级以上安全生产责任事故;

(四)近 3 年内,评审员参与评价的企业发生了 1 起一般安全生产责任事故,且事故调查确定的直接原因在评价时已经存在,但评价中未识别或指出;

(五)未按评价计划实施现场评价,影响评价过程的。

三、评审员发生下列情形的,信用分值扣 5 分:

(一)与申请评价的企业存在利害关系的,未回避的;

(二)近 3 年内管理维护单位对评审员评价能力、评价技巧、抽样或流程符合性提出质疑 3 次及以上的评审员;

(三)非故意泄露企业技术和商业秘密,未造成严重后果的;

(四)近 3 年内,评审员参与评价的企业有 30% ~50% 发生一般等级以上安全生产责任事故;

(五)近 3 年内,评审员参与评价的企业发生了 1 起较大安全生产责任事故,且事故调查确定的直接原因在评价时已经存在,但评价中未识别或指出;

(六)受到主管部门通报批评的。

四、评审员发生下列情形的,信用分值扣 10 分:

(一)评价活动中为第三方或个人谋取利益,但不构成违法的;

(二)未按要求如实反映企业重大安全事故隐患或风险的;

(三)允许他人借用自己的名义从事评价活动的;

(四)近 3 年内,评审员参与评价的企业有 50% 以上发生一般等级以上安全生产责任事故;

(五)近 3 年内,评审员参与评价的企业发生了 1 起重大上安全生产责任事故,且事故调查确定的直接原因在评价时已经存在,但评价中未识别或指出。

五、评审员发生下列情形的,信用分值扣20分:

(一)登记备案条件弄虚作假的;

(二)评价活动中,存在重大违法、违规、违纪行为,构成违法的;

(三)评价活动中为第三方或个人谋取利益,情节特别严重的;

(四)评价工作中弄虚作假的,结果影响评价结论的;

(五)近3年内,评审员参与评价的企业发生了1起特别重大安全生产责任事故,且事故调查确定的直接原因在评价时已经存在,但评价中未识别或指出;

(六)故意泄露企业技术和商业秘密,或泄露企业技术和商业秘密造成严重后果的;

(七)被列入省部级以上黑名单的。

六、评价机构发生下列情形的,信用分值扣1分:

(一)逾期30日未提交年度工作报告;

(二)不按规定程序和要求开展评价活动的;

(三)内部档案管理制度不健全或重要考评记录文件缺失的(每缺失1件扣1分);

(四)未按评价计划实施现场评价,但不影响评价过程的;

(五)允许不具备评价能力人员参与评价活动的;

(六)近3年内,评价机构所评价的企业有20%~30%发生一般等级以上安全生产责任事故。

七、评价机构发生下列情形的,信用分值扣5分:

(一)未按要求如实反映企业重大安全事故隐患或风险的;

(二)未及时向管理维护单位报备评价结果的;

(三)泄露企业技术和商业秘密的,未构成后果的;

(四)评价机构评价结果或年度核查不符合实际情况;

(五)利用评价活动,谋取其他利益的;

(六)近3年内,评价机构所评价的企业有30%~50%发生一般等级以上安全生产责任事故;

(七)近3年内,评价机构所评价的企业发生了1起较大安全生产责任事故,且事故调查确定的直接原因在评价时已经存在,但评价中未识别或指出。

八、评价机构发生下列情形的,信用分值扣10分:

(一)评价工作中隐瞒或应发现而未发现企业重大安全事故隐患或风险;

(二)泄露企业技术和商业秘密的,造成较轻后果的;

(三)分包转包评价工作的;

(四)利用评价活动,强制谋取其他利益的;

(五)评价活动的专业类型不符合本办法要求或超范围评价的;

（六）评价机构或其法定代表人被主管部门通报批评的；

（七）近3年内，评价机构所评价的企业有50%以上发生一般安全生产责任事故；

（八）近3年内，评价机构所评价的企业发生1起重大安全生产责任事故，且事故调查确定的直接原因在评价时已经存在，但评价中未识别或指出。

九、评价机构发生下列情形的，信用分值扣20分：

（一）登记备案条件弄虚作假的；

（二）评价工作中弄虚作假，或应发现而未发现企业重大安全事故隐患或风险，导致隐患未消除或风险未得到有效控制，发生等级以上责任事故的；

（三）采取不正常竞争措施，严重影响市场秩序的；

（四）泄露企业技术和商业秘密的，造成严重后果的；

（五）评价机构相关条件低于首次备案条件，督办整改不合格的；

（六）近3年内，评价机构所评价的企业发生1起特别重大安全生产责任事故，且事故调查确定的直接原因在评价时已经存在，但评价中未识别或指出；

（七）评价机构或其法人被列入省部级以上黑名单的；

（八）按照有关法规、规定，应予以撤销的。

以上信用扣分细则，逐条逐次累计。交通运输部安委会办公室可根据安全生产信用体系建设和企业安全生产标准化建设情况适时调整。